考えて強くなる
バレーボールのトレーニング

スカウティング理論に基づくスキル&ドリル

吉田清司・渡辺啓太

大修館書店

はじめに

スカウティングを用いて、強くなろう。

「スカウティング」とは、自チームや相手チームの情報を収集し、分析する活動を言います。

バレーボールは「情報戦」と言われるほど、世界や国内のトップチームはデータ分析ソフトを用いて、戦術に活用しています。

スカウティングというと一見、高度なイメージでトップレベルの話という印象を持たれる方もいるかもしれませんが、中高生レベルでも、簡単な集計表や図を用いれば、手書きでも情報を収集し分析することは可能です。

スカウティングの目的は、自チームや相手チームの特徴や課題を抽出し、目標を達成するために何が足りないのか、何が必要なのかを明確にし、チームを勝利に導くことです。

普段の練習でスキルを磨くためにただ本数を重ねるのではなく、「試合での課題は何か」を理解して、練習に取り組むことがプレーの質を上げることにつながります。

本書では、これまで私たちがアナリストとして経験してきたことをベースに、誰でもすぐに実践できるデータの収集・分析・伝達の方法のプロセス、データ（情報）を活かした練習方法をまとめました。

明日からの練習、試合で、すぐに活用できるスカウティングを用いて、レベルアップを目指しましょう。

吉田清司、渡辺啓太

CONTENTS
目次

はじめに ———— iii

第1章 ゲームに勝つための戦術と戦略 ———— 1

1 バレーボールにおける戦術と戦略 ———— 2
1 戦術と戦略の定義　2 バレーボールのルールと特性

2 バレーボールの戦術の立て方 ———— 8
1 目標設定　2 課題の抽出　3 強化のプラン　4 戦術を練る

コラム① アナリストの仕事 ———— 12

第2章 スカウティングを知る ———— 13

1 スカウティングの目的と重要性 ———— 14
1 情報戦略活動　2 収集、分析、伝達の3つの工程　3 自己と相手を分析する

2 スカウティングの流れ ———— 16
1 収集とは　2 分析とは　3 伝達とは

3 スカウティングの種類 ———— 18
1 専用ソフトの紹介　2 専用ソフトを使わない方法

4 準備するもの(道具) ———— 22
1 道具を揃える　2 無料でできる動画の編集

コラム② アナリストに必要な能力 ———— 24

第3章
スカウティングを実践する —— 25

1 収集する —— 26

1. 勝つために必要な情報を集める　2. サーブデータの収集
3. レセプションデータの収集　4. セッティングデータの収集
5. アタックデータの収集　6. ブロックデータの収集
7. ディグデータの収集　8. ゲームの勝敗因の収集

コラム③　国内のデータ事情 —— 29

2 分析する —— 42

1. 試合で活かす　2. 練習に活かす
3. サーブの分析　4. レセプションの分析
5. セッティングの分析　6. アタックの分析
7. ブロックの分析　8. ディグの分析
9. ゲームの勝敗因の分析　10. 分析のタイミングと方法

3 伝達する —— 60

1. 伝達の目的　2. 伝達の工夫

第4章
情報を活かした練習プログラム —— 63

1 データの活かし方 —— 64

1. 目標値を設定する　2. フィードバックを行う
3. ペナルティを設定する　4. 心理的負荷を設定する
5. 戦術をデザインする

CONTENTS

2 基本のドリル ······ 68

1 サーブ＆レセプションの基本練習 ── 68
【ドリル 1】目標物を設置する　　　　　　　【ドリル 2】ゾーンを狙う
【ドリル 3】1対1のサーバー対レシーバーの練習　【ドリル 4】1対1 複数対決

2 セッティングの基本練習 ── 72
【ドリル 5】構えを早く作る
【ドリル 6】ボールをとらえる位置
【ドリル 7】ネットに対して身体の角度は90°
【ドリル 8】ネットから離れたセッティング
【ドリル 9】フットワーク〈パーフェクトパス〉
【ドリル10】フットワーク〈ネットから2歩離れてセッティング〉
【ドリル11】フットワーク〈ネットから4歩離れてセッティング〉
【ドリル12】フットワーク〈後ろへ3歩下がってセッティング〉
【ドリル13】フットワーク〈2歩移動して回転しながらセッティング〉
【ドリル14】フットワーク〈4歩移動して回転しながらセッティング〉
【ドリル15】フットワーク〈ネットから離れて両足ジャンプ〉
【ドリル16】フットワーク〈ネットから離れて右片足ジャンプ〉
【ドリル17】フットワーク〈ネットに向かって左片足ジャンプ〉

3 セッターの基本練習 ── 86
【ドリル18】フェイク〈膝の屈伸〉　　　【ドリル19】フェイク〈身体の傾き〉
【ドリル20】フェイク〈身体の向き〉　　【ドリル21】フェイク〈視覚や聴覚で欺く〉
【ドリル22】オーディブル練習　　　　　【ドリル23】相手コートを見る練習

4 ブロックの基本練習 ── 92
【ドリル24】ブロックステップワーク〈サイド・ステップ〉
【ドリル25】ブロックステップワーク〈クロス・オーバー〉
【ドリル26】ブロックステップワーク〈ステップ・クロス・オーバー〉
【ドリル27】ブロックステップワーク〈シャッフル・クロス・オーバー〉

3 負荷をかけたドリル ······ 94

1 個人のオフェンス力を高めるドリル ── 94
【ドリル 1】助走アプローチを変えてアタック　【ドリル 2】助走距離を変えてアタック
【ドリル 3】ブロックに対応したアタック

2 チームのオフェンス力を高めるドリル ────── 96
- 【ドリル 4】 フリーボールからのアタック
- 【ドリル 5】 パスの位置を変化させて複数でのアタック
- 【ドリル 6】 レセプションからのアタック
- 【ドリル 7】 ローテーションごとのレセプションアタック
- 【ドリル 8】 ディフェンスからのトランジションアタック
- 【ドリル 9】 セッターがファーストタッチしたときのトランジションアタック

3 相手の守備隊形に対して有効な攻撃ドリル ────── 100
- 【ドリル10】 スプレッド攻撃を身につける　【ドリル11】 オーバーロード攻撃を身につける
- 【ドリル12】 コンボ攻撃を身につける　【ドリル13】 フェイクアプローチを身につける

4 バックアタックの練習 ────── 104
- 【ドリル14】 2対2バックアタックペッパー　【ドリル15】 3対3バックアタックの練習
- 【ドリル16】 4対4バックアタックの練習　【ドリル17】 5対5バックアタックの練習
- 【ドリル18】 高速バックアタックをマスターする

5 ディフェンス力を高める練習 ────── 108
- 【ドリル19】 ブロックの反応〈コミットブロック〉
- 【ドリル20】 ブロックの反応〈リードブロック〉
- 【ドリル21】 クイックに対してのコミットブロックの練習
- 【ドリル22】 デディケートシフトでのブロック練習
- 【ドリル23】 スプレッド・リードブロックの練習
- 【ドリル24】 バンチ・リードブロックの練習
- 【ドリル25】 ブロッキングシャドー

6 ディグのシステム化ドリル ────── 118
- 【ドリル26】 マン・アップフォーメーション
- 【ドリル27】 マン・ダウンフォーメーション
- 【ドリル28】 マン・ダウンフォーメーションの応用〈ボックスフォーメーション〉
- 【ドリル29】 マン・ダウンフォーメーションの応用〈スライドフォーメーション〉

7 複合ドリル ────── 122
- 【ドリル30】 クイックに限定したサーブ vs. レセプション
- 【ドリル31】 リバウンドボールからの攻撃練習
- 【ドリル32】 ダイレクトボール
- 【ドリル33】 ディグ後の攻撃
- 【ドリル34】 ブロック後のリターンとアプローチの練習

CONTENTS

　　【ドリル35】フェイントカバーのトランジション攻撃練習
　　【ドリル36】セッター Face to 2 コンビ練習
　　【ドリル37】セッターがポジションスイッチした時の攻撃
　　【ドリル38】レセプションアタック後のディフェンス練習（3枚ブロック）
　　【ドリル39】オプションドリル
　　【ドリル40】連続ブロックドリル
　　【ドリル41】ラリー継続ドリル

4　試合を想定したゲーム練習 ……………… 132

❶ 指標となる目標に合わせて負荷をかけたゲーム練習 ──── 132
　　【ゲーム1】レセプションアタック3本連続成功ローテーション
　　【ゲーム2】フリーボールアタックアイアンマン
　　【ゲーム3】レセプションアタックアイアンマン
　　【ゲーム4】バックアタックアイアンマン
　　【ゲーム5】イニングゲーム
　　【ゲーム6】フィックスゲーム
　　【ゲーム7】8点先取ゲームでスタートダッシュ練習
　　【ゲーム8】16対16から後半の競り合い練習

❷ 場面を想定した心理的負荷をかけたゲーム練習 ──── 136
　　【ゲーム9】19対19ウォッシュドリル　　【ゲーム10】フリーボールウォッシュ
　　【ゲーム11】バウンスボール　　　　　　【ゲーム12】ラストボールゲーム
　　【ゲーム13】試合を想定したサイドアウト

❸ 得点を設定したゲーム練習 ──── 140
　　【ゲーム14】サイドアウト率75％を目指す設定
　　【ゲーム15】ブレイク率33.3％を目指す設定

コラム④　有益なデータとは ……………… 144

おわりに ──── 145

付録　データチェックシートの使い方 ……………… 146
　　（サーブの分析シート／レセプションの分析シート／セッティングの分析シート／
　　　アタックの分析シート／ゲーム勝敗因の分析シート）

第 1 章

Section ①

ゲームに勝つための戦術と戦略

1 バレーボールにおける戦術と戦略

バレーボールの戦略、戦術を立てるためには、第一段階としてバレーボールのルール、特性を理解しましょう。競技性を深めることで、自ずとチームのやるべきこと、長所、欠点が見えてきます。

1 戦術と戦略の定義

「戦術」と「戦略」という言葉は、「戦」という言葉が入っているように、もともとは戦争における軍事用語として使われていました。

「戦略」は勝利の可能性を最大限に追求するための長期的な指針や計画のことを言い、「戦術」は「戦略」を達成するための手段や方法のことを言います。

スポーツの世界で使われる「戦術」と「戦略」の概念は、競技によってルールや環境も違えば、その意味もそれぞれ異なります。なかには、「戦術」しか用いない競技もあったり、「戦略」と「戦術」という概念を同義語として用いている競技もあります。

では、バレーボールにおける「戦術」と「戦略」は、どのように用いるのでしょうか。

例を1つ挙げると、「チームの平均身長の高さを活かしてブロックポイントを強化していく」という指針は「戦略」であり、「サーブで相手のレセプションを崩す」「サーブは右コーナーを狙って打つ」など勝つという目標を達成するための手段は「戦術」になります。

このように作戦の手段となる「戦術」は、スケールの大きい「戦略」の中にいくつも存在するものです（図1-1、1-2）。試合に勝つためにどの「戦術」を用いるのか。それは「戦略」をどのように立案するかで決まります。

それではチームが戦う上で土台となる「戦略」は、どのように立てればよいのでしょうか。それにはまず、バレーボールのルールや特性をよく理解することが大切です。

ルールには、競技の人数やロケーション、ボールの扱い方といったように、さまざまな条件があります。

まずは、バレーボールのルールと競技の特性を知り、知識を深めていきましょう。

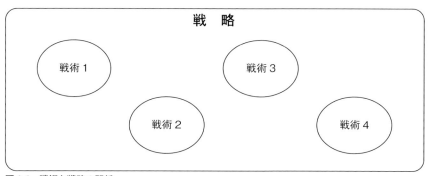

図1-1 戦術と戦略の関係

2 バレーボールのルールと特性

ネット型の競技

バレーボールの一番の特徴は、ネットをはさんで6人対6人で、相手と非接触で対戦する「ネット型の競技」という点です。

守備側はボールを床に落とさないように守り、攻撃側は床にボールを落とすために攻めることで得点を争うため、攻撃、守備という場面に切り分けることができます。

コートの中で他のプレーヤーとボールを同時に触ることは反則になります。また、ボールを手に持ってプレーすることはできないため、ボールタッチができる時間は非常に短い競技です。そのため、ボールを触らない時間がほとんどを占めるので、オフ・ザ・ボールの時間帯のプレーや行動も重要な競技といえるでしょう。

プレーヤーは、トスを上げる「セッター」、アウトサイドでスパイクを打つ「ウイングスパイカー」、ブロックの中心となる「ミドルブロッカー」、セッターの対角に入り攻撃の中心となる「オポジット」、守備専門の「リベロ」というように役割が決められています。

攻撃と守備を展開する上で、ボールに触るプレーヤーがどのようにプレーに関与し、どんなフォーメーションを作っていくのか、が重要な競技なのです。

バレーボールの戦略例

・目指すのは、高さとパワーで勝つようなチームなのか、細やかな技術や巧緻性で勝とうとするチームなのか?

・サイドアウト率が安定して高いチームを目指すのか、ブレーク率が高いチームを目指すのか?

・分業型チームを目指すのか、万能型(オールラウンド)チームを目指すのか?

バレーボールの戦術例

・サーブ戦術
・ブロック戦術
・レセプション戦術
・アタック戦術
・ディグの戦術
⋮

図1-2 バレーボールの戦術・戦略の例

ローテーションを活用する

コートの中のポジションは6つあり、前後に「フロント（前衛）」「バック（後衛）」の2つ、各々で「レフト（左）」「ライト（右）」「センター（中央）」の3つに分かれています。

ポジションは、サーブを打つごとに1つずつローテーションをしていきます（図1-3、1-4）。各プレーヤーは6つのポジション位置を通過していくため、ときにはコート上の動きに制約が課せられる場合もあります。このことから、6つのローテーションの中でも、選手の得意、不得意なプレーを踏まえると、得点をとりやすいローテーション、得点がとりにくいローテーションが発生します。

このローテーションが自分たち、そして相手チームの強み、弱みを抽出するのに大きな影響を及ぼします。とくに、試合開始時には自分たちが優位に立てるような、効果的なローテーションを1つ選択していくことが重要です。

オフェンスとディフェンス

バレーボールは、コートの中に6人ずつ入り、ネットをはさんで、攻撃（オフェンス）と守備（ディフェンス）を繰り返すスポーツです。自チーム内では、3回までボールタッチが許されています。試合はサーブから始まり、相手のレセプション（相手側サーブを受けるレシーブ）、セット、レセプションアタック（レセプションした直後のアタック）、ブロック、ディグ（相手側の攻撃を受けるレシーブ）、セット、トランジションアタック（ラリー中のアタック）というのが、主な流れ（図1-5）です。6つの個人技術から構成され、攻撃と守備のラリーを繰り返します。

試合は1セット25点で構成され、3セットマッチ、または5セットマッチで行われます（5セットマッチの最終セットは15点まで）。

ボールが床に落ちたり、反則が起きると相手チームに得点が入ります。それぞれが密接に結びついて戦術のシステムへと発展していきます。

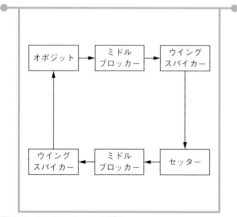

図1-3 ローテーションの流れ
（バックオーダーの場合）

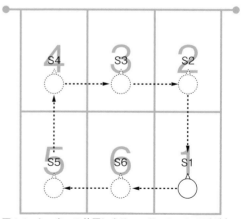

図1-4 セッターの位置によるローテーションの呼び方
セッターの位置によってローテーションを表す。例えば、セッターが「1」にいる時は「S1のローテーション」と呼ばれる。

サイドアウトとブレイク

バレーボールの得点方法は2種類あります。サーブを打ったチームが得点することを「ブレイク」、レセプション側のチームが得点をすることを「サイドアウト」と言います（図1-5）。

サーブ側から見れば、最初に得点を狙えるのはサーブポイントです。さらに相手チームの攻撃をレシーブしてつなぐことで、攻撃のチャンスを得ることができます。「ブレイク」を狙うには、攻撃と守備、両方の能力が求められます。

逆にサーブを受ける側は、レセプションの精度が求められます。相手のサーブをしっかりセッターに返して万全の状態で攻撃することが、「サイドアウト」の成功につながります。

このように「サイドアウト」と「ブレイク」の場面によって、得点の性質が異なります。

〈サイドアウト〉サーブを打ったチームと反対側のチームが得点すること。

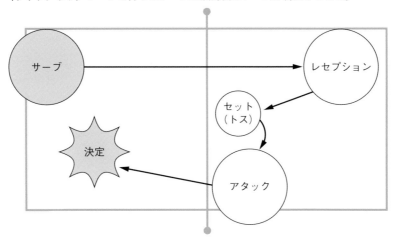

〈ブレイク〉サーブを打ったチームが得点すること。

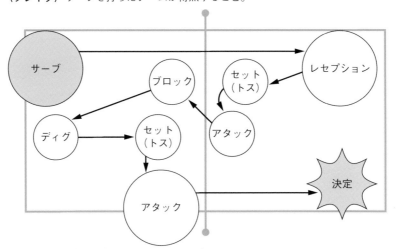

図1-5　得点の方法と性質：サイドアウトとブレイクの一例

第1章　ゲームに勝つための戦術と戦略

スコアリングスキルとノンスコアリングスキル

サーブ、レセプション、セット、アタック、ブロック、ディグなど、さまざまな技術が存在するバレーボール。それらは、直接得点を狙える「スコアリングスキル」と、得点に結びつかない「ノンスコアリングスキル」に分けることができます。

アタック、ブロック、サーブなどの成功した時点で得点となる技術は「スコアリングスキル」、味方にボールをつなぐレセプションやディグ、セッティングなどの得点を狙えない技術は「ノンスコアリングスキル」と言います。

それぞれの特徴を踏まえ、発生頻度が高い技術や得点に結びついている技術を理解することが大切です。

オープンスキルとクローズドスキル

また、スポーツの技術は、「オープンスキル」と「クローズドスキル」の2種類に分けることができます。「オープンスキル」は、その場の変化に応じて判断力が問われる技術。敵がどのように対応してくるかを見極めた上で、即座に対応できる能力が求められます。バレーボールでは、アタック、ブロック、レセプション、ディグが「オープンスキル」として挙げられます。

とくにブロックは、相手の攻撃に対し、瞬時に反応しなければいけないプレーです。事前に相手がどのような攻撃を仕掛けてくるかを予想して、どのようなブロック戦術を仕掛けていくのかを考える必要があります。

一方、「クローズドスキル」は、外的環境に影響されない技術。敵に邪魔されずにプレーできる技術で、バレーボールではサーブやセッティングが「クローズドスキル」に挙げられます。

サーブは、止まった状態で自分の好きなところからボールを打ち、コースを選択できます。セッティングはパスが返れば、セッターの好きなようにコンビネーションを組み立てることができるので、プレーヤーの意志を伝えやすい、コントロールしやすいプレーと言えるでしょう。

それゆえ、サーブやセッティングは、プレーヤーが選択した戦術を正確に実行できるかが、チームの戦術の実行度を高めることにつながります。

時間の特性

バレーボールのルールにおける競技の特性も、戦術に活かすことができます。

バレーボールは、タイムアウトの数やセット間を踏まえると、中断が多い競技です。各チームが要求できるチーム・タイムアウト、どちらかのチームが8点、16点に達したときに行われるテクニカル・タイムアウトや各セット間では3分の中断がある、という時間特性があります（図1-6）。さらに、得点が決まるとボールデッドとなり、サーブを打つまで約15秒もの時間があります。

またバレーボールは、同じネット型競技のテニスや卓球、バドミントンなどと比較すると、

第1セット	第2セット	第3セット
8点	8点	8点
タイムアウト1分	タイムアウト1分	タイムアウト1分
16点	16点	16点
タイムアウト1分	タイムアウト1分	タイムアウト1分
25点	25点	25点
セット間 3分	セット間 3分	

図1-6　ゲームの流れ：中断

これ以外に、チームタイムアウトが、1回30秒を2回要求できる。なお、プレー中でも間欠性があり、ボールデッドからサーブのホイッスルまで約15秒の時間がある。

攻守の切り替えがわかりやすく、実際にボールが動いている時間は、試合時間の4分の1にも満たないと言われています。そのため、ボールが動いていない時間をどのように有効活用していくか、そこをどのように戦術に活用できるかを考えていく必要があります。

外部からの情報を得られる

時間の特性とともに、もう1つ大きな特徴は、監督がコートサイドで指示ができ、常に試合に関与できるということです。つまり、試合の状況、相手をスカウティングして、戦術を伝えることが可能なのです。コートにいるプレーヤーは、外部からの情報を得ることができるため、監督はこの特性を活かしてプレーヤーにアドバイスを送ることが可能です。

リアルタイムで作戦を反映しやすい

国際大会では、コートエンドにある専用の席で、パソコンを使ってデータを入力しているアナリストの姿をよく見かけます（図1-7）。これは、相手チームの戦術や自チームのパフォーマンスをリアルタイムでベンチに送っているのです。

外部から情報を得られるという意味では、バレーボールは、ベンチ外からの情報の通信を許されているめずらしい競技です。試合会場ではトランシーバーの使用も認められているため、すぐに収集したデータを分析してリアルタイムでベンチに情報を提供し、戦術を考えることができます。

このような特性からバレーボールは、情報収集や分析など準備したことを活かしやすい競技と言えるでしょう。競技特性を活かして、自チームの戦略、戦術に役立てていきましょう。

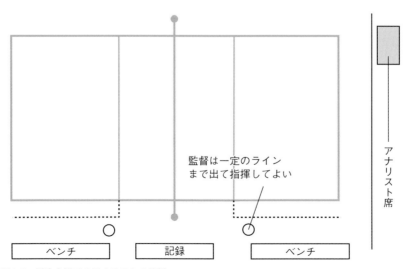

図1-7　試合会場でのアナリストの位置

2　バレーボールの戦術の立て方

競技の特性を理解したら、次に戦術を立てていきましょう。
その過程で重要なのが、現状把握による目標設定、そこからの課題抽出、強化のプラン作りです。
自チーム、相手チームを分析して戦術を立てていきます。

1 目標設定

現状の把握

目標を設定するために、最初に取りかからなければいけないことは、自分たちの置かれている立場、現状を把握することです。

自分たちの現在地と目標にするものを比較して、個人、チーム等の目標を達成する期間、目標値をそれぞれ設定していきましょう。

では、現状を把握するためには、どうしたらよいのでしょうか。1つの手段として挙げられるのは、目標達成の障害となる課題を明確化し、プレーヤーおよびチーム全体の能力を図や表、数値で表すことです。

例えば、「オリンピックで金メダル」という目標を掲げるとします。オリンピックで金メダルをとるようなチームは、1つの試合、または1つの大会を通して、どのくらいアタックを決めているのか。ミスはどのくらいに抑えているのか。目標となるチームの数値に対して、自チームの数値はどのくらいなのか。まずは、目標との「差」を認識することが大切です。

指標の設定

目標との差を認識し、自分たちの現状の数値はどのくらいなのかを割り出していきます。目標値と現状値を出すことで、自分たちが目標を実現するためにやるべきことが必然と見えてくるはずです。達成までの期間、過程における具体的な目標を定めて、練習に取り組みましょう。

目標を設定するときに注意することは、自分たちの能力を過大評価してはいけないということです。現状把握を誤ると、当然目標設定までの道を誤り、現状のチームにふさわしくない課題が生まれる可能性があります。まず始めは、身近なところ、手が届きそうなところから目標設定し、段階を踏んで達成していくことが大切です。

ボリュームゾーンの存在

スポーツ競技の数値は、だいたいそのレベルやカテゴリーによって、決まったボリュームゾーンが存在します。

例えば、プロ野球の首位打者の打率は、大体3割台です。7割打てる打者が存在しないように、打率の水準は変わりません。

バレーボールでいえば、国内トップのV・プレミアリーグ、大学生、高校生、中学生とそれぞれのカテゴリーごとにボリュームゾーンがあります。

そのボリュームゾーンのトップクラスのチームと自チームの数値を比較して、自チームの能力を見定め、目標を設定していくのもよいでしょう。

各プレーに対する成功率などの目標数値に現状の数値をどうしたら近づけられるかを考えて練習に取り組もう。

2 課題の抽出

強化するポイントを明確にする

　目標の数値と自分たちの現状を照らし合わせたら、次に自分たちのチームに足りないもの、障害となっている課題を抽出しましょう。

　目標を実現するためには何をしなければいけないのか、課題に優先順位をつけて、課題の数値化、ビジュアル化を行っていきます。

　数値化、ビジュアル化によってポイントを明確にすることで、チーム全体で目標を共通認識することができます。チーム内で認識の差があると、目標達成するのに時間がかかってしまうため、慎重に行いましょう。

3 強化のプラン

目標の細分化

　課題を克服するには、目標としている大会までの期間を踏まえて、目標を細分化し練習プランを練っていきます。

　ただし、目標までの期間が短い場合は、解決できる課題と解決できない課題が当然浮上してきます。相手チームや戦況によって、どのスキルを磨いていくのかをしっかり分析して、優先順位をつけておきましょう。細分化した目標を1つずつ達成していき、現実と目標の差を縮めていくプロセスが重要です。

　達成した目標や、新たに浮上した課題は、整理して記録に残しておきましょう。

4 戦術を練る

戦術の5つの柱

　バレーボールでは、1セットにつき25点、または15点（5セット目）、デュースになった場合は2点差をつければ、セットを獲得できます。そして、5セットマッチの場合は3セット、3セットマッチの場合は2セットを先取すれば、勝利となります。

　相手チームより先に得点しセットを奪うためには、次の5つの柱を軸にして戦術を立てていきましょう。

＜戦術の5つの柱＞

1. 相手の弱いところを攻める。
2. 相手の強いところから自チームを守る対策を練る。
3. 相手を迷わせる攻守のバリエーションを持つ。
4. 相手のミスを誘い、自チームが連続得点できる状況を作り出す。
5. 自チームの弱いところを隠し、カバーする。

勝つための戦術

　試合期（図1-8上）では、対戦チームの強み、弱みを分析することで、具体的な戦略や戦術を構築することができます。

　また鍛錬期（図1-8下）では、試合で勝つために必要な戦術を身に付けるために、目標を設定し練習プランを練り、強化を図っていきましょう。

　これらのポイントに沿ってスカウティングを行っていくことが、バレーボールで勝つために必要となる戦術の土台となるのです。

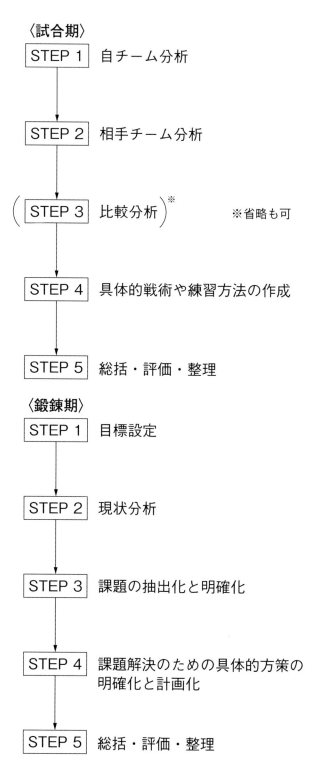

図 1-8　戦術の立て方の過程（イメージ図）

column ① アナリストの仕事

タブレット端末で情報を確認する眞鍋監督

　テレビ中継でも御馴染みになりましたが、試合中に監督がタブレッド端末を持ち歩き、ベンチにいるコーチがトランシーバーで話している姿を見かけます。それはリアルタイムでアナリストが、エンドライン側から分析した情報を送り、交信を行っているからです。

　日本国内では、全日本チーム、V・プレミアリーグチームなどが、専任のアナリストを設けています。全日本チームでは、大きな国際大会の期間中3、4人のアナリストが帯同し、各自業務を行っています。主な担当分けとしては、日本チーム、海外のチームで分担し、またオフェンス、ディフェンスの切り口で分けて分析を行うこともあります。

　戦術の骨子となる情報を伝達するアナリストにとって、最も大きな実務と言えるのは試合前の準備。対戦するチームや対戦順が決まっている場合や山場となりそうな試合の対戦チームがわかっていれば、大会に入る前から対戦チームとの過去のデータを分析しておきます。

　大会に突入したら、対戦チームの情報を収集し、分析に明け暮れる毎日です。

　アナリストのルーティンは、試合を実際にまたはビデオを見て情報を収集し、相手チームの特徴、ポイントを絞って分析を行います。また試合後は、スタッフや選手が情報を見やすいようにオフェンス、ディフェンス時の注意点をそれぞれ分けてまとめます。そして、まとめたものをスタッフが確認して戦術に変換した情報を選手とのミーティングに反映していく、というのが基本的な流れです。試合中だけではなく、試合後もミーティングに備えて分析が続けるのが、アナリストの仕事です。

Section ②

第 2 章

スカウティングを知る

1 スカウティングの目的と重要性

ベンチの外部からの情報を活用できるバレーボールにとって、情報戦略、いわゆるスカウティングは重要な位置を占めます。
スカウティングの目的をしっかり把握して、チームの強化に活かしていきましょう。

1 情報戦略活動

バレーボールのスカウティングは、もともと「試合中にベンチの外部からの情報を得ることができる」という発想から始まったと言われています。

試合では、目に見えない情報の駆け引き、攻防戦が繰り広げられているのも、バレーボールの面白さの1つと言えるでしょう。

スカウティングは、一般的に「情報戦略活動」と呼ばれ、収集し分析した情報に基づいて戦略、戦術を立てることを言います。

情報には、ビデオで撮影した映像、数値、文字などデータの基となる素材の情報（インフォメーション）、収集、分析したデータを加工し解釈して生まれる情報（インテリジェンス）の2つがあります（図2-1）。

チームの意思決定者は、客観的にはじき出された数値、図、映像等の有用な情報を精査し、戦術を立てていきます。

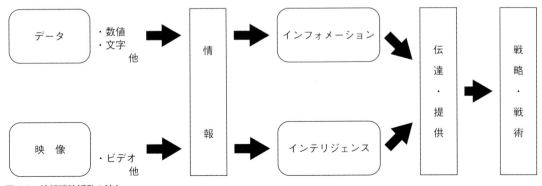

図2-1　情報戦略活動の流れ

2 収集、分析、伝達の３つの工程

スカウティングは、「収集」「分析」「伝達」の３つの工程から成り立っています（図2-2）。「収集」は現状を把握するためのデータを集める作業、「分析」は集めたデータから特徴を抽出したり読み取れる課題を抽出し、原因を究明する作業です。「伝達」は分析した情報を監督や選手に伝える作業です。

気をつけなければいけないのは、情報を収集して分析することが目的となってしまうことです。これがスカウティングの目的ではありません。あくまでも目的は、試合に勝つことなのです。勝つために必要な情報を見極めて収集し、分析することが重要となります。

3 自己と相手を分析する

収集した試合のデータは、さまざまな場面で活用することができます。

試合や大会のない鍛錬期は、自チームのデータを分析して、「強み―弱み」を把握し、課題を抽出します。目標との差を認識することで、具体的な課題を掲げて、練習に取り組むことができます。

また、試合期では、対戦する相手チームの「強み―弱み」を試合前に分析します。相手チームの攻撃のパターン、ブロックの動き等の特徴を知っておくことで、自チームの戦術に役立てることができます。

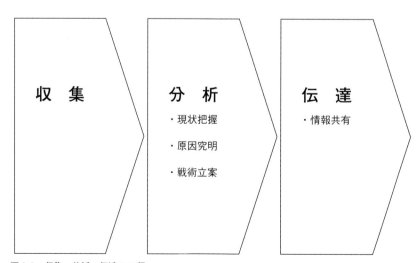

図2-2　収集・分析・伝達の工程

2 スカウティングの流れ

スカウティングには「収集」「分析」「伝達」という3つの工程があります。
強くなるためには、各工程の目的をしっかり理解し、正確なデータを収集し、客観的に分析し、要点を絞って伝達することが大切です。

1 収集とは

5W3Hの収集

「収集」とは、スカウティングの入り口として位置づけられる部分です。自チームの課題や対戦するチームの特徴、弱点を解明することが目的です。

情報収集の基本となるのは、5W3H（図2-3）。これは、誰が、何を（サーブ、アタックなどのプレー）、どこからどこへ（始点、コースなど）、いつ（ローテーション、シチュエーション、点数域など）、どのくらいの本数、どのくらいの頻度で起こっているか等の情報を集めていくことです。

正確性の高い情報を収集

ここでのポイントは、より多くの情報を正確に収集することに尽きます。

実際に分析を行うとき、基となるデータがなければ、分析することはできません。また、情報のインプットを間違えてしまうと、分析してアウトプットすることができないので、正確性を心がけましょう。

自チームのデータを収集するときは、試合を想定したチーム練習や個人の課題克服が必要になりますので、練習プランの根拠となる情報の収集が求められます。

2 分析とは

場面で変わる分析の種類

収集したデータに基づいて現状を把握し、原因を探っていくことを「分析」といいます。

分析には、自チーム、相手チームを分析する以外にも、さまざまな種類があります（図2-4）。

```
・Who?        誰が
・What?       何を（サーブ、アタック、レシーブ…）
・Where from/to?    どこからどこへ（レフトからクロスへ）
・When?       いつ
              :ローテーション（S1～S6）
              :シチュエーション（A/Bパス時、2枚/3枚時…）
              :どんな点域で（5点まで、チーム・タイムアウトあけ、20点以降）
・Why?        なぜ
              :オリジナリティの発揮
              :説得力をもたせる
・How much?   どれくらいの本数で
・How often?  どれくらいの頻度で
・How much speed?   どれくらいの速さで
```

図2-3 情報分析の5W3H

```
競技種目分析        情勢・展望分析
自チーム分析        相手チーム分析
比較分析            環境・用具分析
セレクション分析    テクノロジー分析
ルール・レフェリング分析
クオリティー分析
```

図2-4 分析の種類

鍛錬期には、自チームの「現状分析」を行い、課題を明確化し目標を設定していきます。

試合期には、自チーム、相手チームの「比較分析」（ベンチマーク）などを行います。

試合では、相手がどんな戦術を仕掛けてきているのかを即座に分析し、チームの意思決定者へ情報提供を行っていきます。

データは生もの

収集したデータは、現状を客観的に判断してくれる説得力のある素材ですが、勝負事に「絶対」はありません。データは常に「生もの」なのです。あくまでもチームが勝利するためのヒントに過ぎないので、データに拘束されてはいけません。

大切なことは、データを参考にしてチーム全体で勝つ術を考え、複数の戦術を使いこなせるような柔軟な能力を身につけていくことです。

3 伝達とは

焦点を絞って伝える

データを収集して原因を分析しても、チームの意思決定者となる監督やコートにいるプレーヤーに伝えたいことが伝わらなかったら意味がありません。伝えたいことをわかりやすく伝えられるか、プレーヤーに理解してもらえるか。分析結果がコート上で活かされるように伝えることが「伝達」のポイントです。

例えば、人それぞれ物事の捉え方は違います。自分はコーヒーカップと思っていても、相手はティーカップとして受け取るかもしれません。色1つとってみても、自分は茶色と思っていても相手はグレーと受け取るかもしれません。

相手に物事を伝えるときは、焦点を絞って伝えることが大切です。例えば、ミーティング等で「セッターの腕の角度に注目してみてください」と注視するポイントを絞って伝えてみると共通の理解を生み出しやすくなります。

第3の目として機能する

チームという組織の中でプレーヤーに対する評価は、チームの意思決定者となる監督が最終的に判断します。情報を伝えるアナリストは、客観的な立場から第3の目として情報を分析することが求められるのです。

例えば、「誰々選手が最近、サーブの練習をがんばっている」といったような感情的な評価を加味してはいけません。情報を伝えるときは、感情に左右されることなく、データから読み取れる事実を正確に伝えていきましょう。

3　スカウティングの種類

スカウティングには、さまざまな方法、種類があります。
実を言うと専用ソフトをもっていなくても、スカウティングを実践することは可能です。各チームの活動環境、スタッフの構成、予算、目的に応じて、使い分けていきましょう。

1 専用ソフトの紹介

スカウティングの本質は同じ

　スカウティングは、「映像を見る」「図式化する」「数値化する」などのさまざまな方法があります。

　「数値化」には試合のデータを手書きで記録を残すアナログ形式、またパソコンを使ってインプットしていくデジタル形式があります。

　アナログ、デジタルとそれぞれ数値をはじき出す時間に差は出てしまいますが、「現状を把握する」というスカウティングの本質は変わりません。チームが置かれている環境に基づいて、映像、図式、数値というツールを使って、裏付けしていきましょう。

トップチームで利用される専用の解析ソフト

　日本の代表チームおよび世界各国の代表チーム、国内の最高峰リーグであるV・プレミアリーグ、チャレンジリーグなどトップレベルのチームは、バレーボール専門のデータを収集し分析する「データバレー」（データ・プロジェクト社）というアプリケーションソフトを用いて、スカウティングを行っています。

　この「データバレー」は1980年代にイタリアで誕生した解析ソフトで、世界50ヵ国以上のナショナルチームが使用しています。

　パソコンに「いつ、誰が、どこで、何をしたか？」を表すコードを入力すると、プレーを分析して仕分けし、データとして蓄積します。試合を見ながら、プレーの種類をキーボードで入力しインプットしていけば、リアルタイムですぐさま必要な情報をピックアップすることができるのです。「データバレー」は、収集、分析をすべて一人で行うことができ、ほしいときに必要な情報をすぐに引き出せる万能ソフトです（図2-5）。

　また、映像においても「データバレー」と連動した姉妹ソフト「データビデオ」（データ・プロジェクト社）を使うと、必要な映像を瞬時にピックアップでき、繰り返し見たり編集したりすることが可能です（図2-6）。

中・高校部活動ではできることから取り組もう

　「データバレー」「データビデオ」は、ベーシックなものは6万円から、プロフェッショナル仕様のものは60万円ほどで日本国内でも市販されています。最近では統計分析とビデオ分析の機能が統合されたソフトとして「データバレー4」がリリースされており、1年あたり12万円（税別）で販売されています。

　国内においてトップレベルのチームは、「データバレー」「データビデオ」を用いてスカウティングを行い戦術に活用していますが、アプリケーションソフトの値段を見ると、中学、高校の部活動では気軽に「データバレー」を導入できないかもしれません。またトップチームのように専属のアナリストを配置するのも難しいでしょう。

　けれども、情報の収集、分析は、これらのア

プリケーションソフトを使わなくても、試合や練習の映像を入手し、手分けをしてプレーごとの情報を収集し成功率などを分析すれば、監督または選手でもすぐに実践することができます（図2-7）。

とくに、発達段階の中高生は、相手チームを分析することよりも、自チームを分析することで練習目標が明確になります。

決して、「データバレー」「データビデオ」のアプリケーションソフトが手元にないからスカウティングできない、と思いこまないでください。専用ソフトがなくてもスカウティングは可能です。次項で紹介するようにできることから取り組んでみましょう。

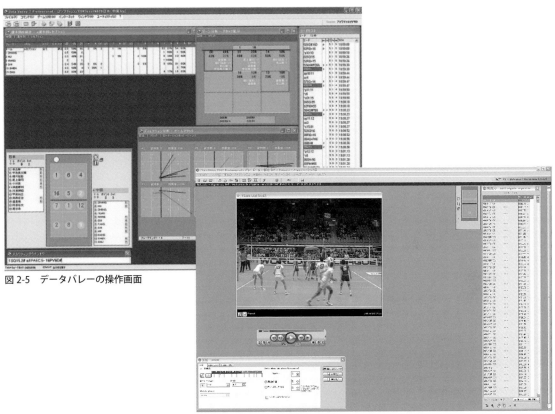

図2-5　データバレーの操作画面

図2-6　データビデオの操作画面

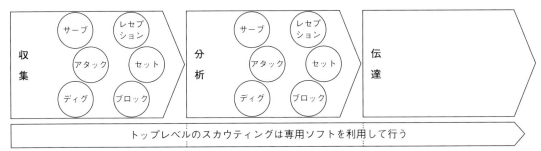

図2-7　トップチームと一般チームとのスカウティング工程の違い

2 専用ソフトを使わない方法

映像化

　まずは、試合をビデオカメラで撮影し、映像を入手することから始めましょう。映像データがあれば、そこからあらゆる情報を生成し、分析へとつなげることができます。スカウティングにとって映像は、貴重な第1次情報となります。

　人間の脳において記憶を呼び起こす際、とっさに出てくるのは文字情報よりも映像だと言われています。撮影した試合は、テレビ画面やパソコンの画面で繰り返し見て、インプットすることが大切です。映像を脳に焼き付けることで、とっさの判断や戦術に活かすことができます。

　各チームのローテーション、フォーメーションの特徴、各プレーヤーのフォームからわかるクセや欠点など、映像を何度も繰り返し見て、頭にたたき込みましょう（図2-8）。

図式化

　スカウティングと言うと真っ先に「数値」をイメージする方もいるかもしれませんが、図2-9のように現状把握や戦力分析をビジュアル化し、図や文字で書き出すことも大切です。

　図式化することで、試合を通しての良かった点や反省点を書き出し、自チームの現状分析をするとともに、相手チームの強み、弱みを書き出し戦力分析していきます。

　これらの図を使って、ミーティングにおいて試合を振り返りながら、各プレーヤーの意見をフセン紙等を用いてマッピング（図上に配置）していくことで、チーム全体で情報を共有することができます。

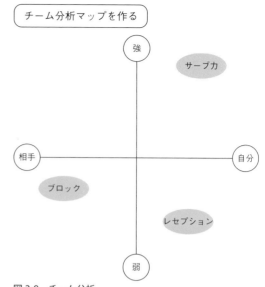

図2-9　チーム分析
相手チームと対比しながら自チームの強みと弱みを整理することで、戦術のフォーカスを明確にできる。

図2-8　プレーの映像を繰り返し見る

数値化

　数値化は、試合や映像を見ながら、各プレーの総数、成功数、失敗数などを記録します。そこから成功率を割り出し数値化することで、目標との差、強みや弱みをさらに明確化することができます。

　1人ですべてのプレー、データを記録するのは非常に困難なため、プレーごと、チームごとに作業を分担していくとよいでしょう。

　成功、失敗の評価は、図2-10のようにチーム内で基準を設けて、評価の統一を図ることが大切です。

　慣れないうちは、記録を担当する役割と、「5番サーブ、2番レシーブ成功、6番アタック決定」など評価して声で読み上げる役割を置き、ペアで記録を行っていくとよいでしょう。

理想のスカウティング

　スカウティングには、映像化、図式化、数値化とそれぞれ方法はありますが、理想は映像を確認した上で数値を把握し、共通の認識を深めて理解していくことです。

　映像だけ、数値だけ、と片方のみだと、伝える側と受け取る側の共通認識にギャップが出てしまう恐れもあります。

　映像と数値、両方で認識することで、事実をそのまま受け止め、理解することができます。より深いディスカッションを行える環境であれば、映像、数値、図式すべてを通して、課題の共有化を行っていきましょう。

　もし、映像を撮影できない場合は、ローテーションチャートに試合情報を直接集計してデータベース化を行いましょう。また、アナリストの人数に余裕があれば、データチェックシートを作成し、チームや個人の統計記録を算出し分析に役立てていきましょう。

	成功	失敗
アタック	決定	ミス・被ブロック
サーブ	エース 相手C・Dパス	ミス 相手Aパス
レセプション	Aパス	ミス Cパス・Dパス
ディグ	A・B・C ディグ	ミス Dディグ

図2-10　プレーの成功・失敗の基準（例）

4 準備するもの（道具）

いつ、どこで、何の情報を収集し、分析するのか、伝達したいのかによって、準備する道具も異なります。とくに遠征先や試合会場では、いざというときに困らないように用意周到に準備することが大切です。

1 道具を揃える

筆記用具

チーム内で作業を分担するときには、筆記用具を用意しましょう。色で分類していくとわかりやすいので、多くのトップチームで4色ボールペンが使われています。

用紙は、技術別、ローテーション別、プレーヤー別など項目ごとに用紙を分けて使うと、後々、データの分類もしやすくなります。

ホワイトボード

ミーティングではホワイトボードを用いて、映像を見ながら図式化を行っていくと効果的です。スタッフ、プレーヤー全員が頭の中にイメージを残せるように大切なことを書き出し、チーム全体に共通認識をもたせることが目的です。

ビデオカメラ

映像を残すには、動画を撮影できるビデオカメラが必要です。ビデオカメラをセットできる三脚も準備しましょう。

三脚をエンドラインの中央、審判やネット、コート全体が入るように設置します。カメラをできるだけ水平にセットし、撮影する前にネットにピントを合わせておきましょう。

ビデオ撮影時の注意点

会場内では電源を確保できる保証はありませんので、予備のバッテリーをもっていくと電源が切れたときに助かります。

また、あらかじめカメラとSDカードやHDDなどの記録媒体の録画容量（残量）を確認しておくことも大切です。フルセットになった場合に撮影ができなくなるということがないように準備しておくと安心です。

試合の撮影を行う際、あらかじめ大会名、対戦チームなど試合情報を記載したものを撮影しておくと、後々整理する際に便利です。

加えて撮影時に、ボールに触れた選手の背番号や得点をコールしておくと、後からでもスムーズに情報を収集することができます。

ノートパソコン

ビデオカメラで撮影した映像は、必ずパソコンに取り込みましょう。その際ノートパソコンは、持ち運びに便利です。ノートパソコンに映像を保存することで、いつでもどこでも動画をチェックすることができます。

また、コピーやダビング、タブレット端末などへの配布・配信も簡単に行うことができ、プレーヤーからの要望があれば、すぐに渡すことが可能になります。

2 無料でできる動画の編集

トップレベルのチームが使っている映像分析ソフト「データビデオ」は、「データバレー」と関連づけされているため、必要なときにピンポイントでプレー映像をピックアップすることが

できます。「データビデオ」は便利なソフトですが、こういった専用ソフトがなくても、無料の動作再生ソフトを上手く活用すれば、簡単に映像の編集を行うことができます。

無料の動画編集ソフトを活用しよう

ここでは、パソコンを使って映像を編集できる「GOM PLAYER」を例に解説していきます。このソフトは、インターネットからダウンロードし、無料でインストールすることができます。

「GOM PLAYER」は、早送りやスローモーション、コマ送りなど自由に再生速度を変えることができます。また、キー操作の設定を行えば、ボタン1つで操作が自由自在になります。気になる場面をリピートできるブックマーク機能もあります（図2-11）。

また、ブックマークはそのまま残しておくことができるので、ミーティング等で大事な場面や見せたい場面があれば、そのプレーを呼び起こし、繰り返し見せることができます。

さらに「GOM PLAYER」は、「データビデオ」にはないズーム機能が付いています。選手のフォームの癖をじっくり分析したいときは、ズームインして観察できるなど、とても役に立つ優れた機能があります。

連続写真の活用法

「GOM PLAYER」はパソコンで操作でき、映像を静止画像として切り出すことが簡単にできます。静止画には、ボールの始点やコースなどのマーキング（作画）をすることができるので、より鮮明にイメージ化することが可能です。

「GOM PLAYER」のような無料再生動画ソフトを使えば、誰でも簡単に映像からスカウティングすることができます。

図2-11　GOM PLAYERの画面
会場で撮影した試合映像を編集中のパソコン画面。ここではコート手前のUSAチーム・23番プレーヤーのアタック場面をリピートできるようにブックマークを追加している。

＜GOM PLAYERの使い方＞
・http://www.gomplayer.jp からダウンロード。
・「GOM PLAYER」を起動し、画面に映像ファイルをドラッグ。試合映像を再生する。
・「F5」環境設定、「再生」「移動」で矢印の時間移動単位を変更する。
・「F」キーでコマ送り
　「矢印」キーで早送り
　「X」キーでスロー
　「C」キーで高速再生
　「Z」キーで通常再生。
・ブックマークをつけたい場面で「N」キーを押すと「説明」が出てくるので「S1」など編集映像の名前を入力する。
・「B」キーでブックマークした場面を検索することができる。
・動画ファイルの保存場所やファイル名を変更すると、ブックマークは削除されるので注意。

スカウティングシート、スコアブックの活用法

スカウティングで使用するシートは、後々分担作業がしやすいように、プレーヤーごと、プレーごと、ローテーションごと、といったように用紙を分けて、内容を区分けして記録しましょう。

いつ、誰が、どこで、何をしたか、というキーワードさえあれば、いつでもデータを引っ張り出せるようにファイリングしておくと便利です。

また、バレーボール専用のスコアブックも市販されています。試合の流れや全体の内容を把握するには、専用のスコアブックが適していますので、活用するのもよいでしょう。

column ❷

アナリストに必要な能力

日本バレーボール協会ではアナリストの地位的向上を目的にアナリスト活動で求められる能力をテストする「アナリスト検定」をライセンス化しました。アナリストの思考をもつバレーボール指導者を拡大していくためにも、昨今アナリストに必要な能力が注目され始めています。

アナリストの能力は、どんなところで評価されるのでしょうか。

「収集」に関して言えば、データバレーの入力に時間がかかってしまうと情報量も少なくなり、入力を誤ると間違った情報がインプットされてしまうため、正確性とスピードが求められます。しかし逆に言うと、高い入力技術をもっていれば、バレーボールを知らなくても収集可能。アナリストを目指す上では、最低限身に付けておきたい技術と言えるでしょう。

しかし「分析」においては、競技の本質を理解し原因を究明するために、さまざまな着眼点から戦術の発想を広げていく能力が必要です。アナリストを目指す方は、映像やデータを何度も繰り返し確認する探究心と忍耐力を備え、他のチームのアナリストにできないような分析力を身につけ差をつけましょう。

また「伝達」においては、伝えるための資料、順序、話し方によって、情報を受け取る側の理解度も変わってきます。収集・分析した情報を選手やスタッフにわかりやすく伝えるためにプレゼンテーション能力を高めていくことが必要です。伝達した情報が戦術に反映されてチームの結果に表れる、それがアナリストにとって一番の評価につながると思います。

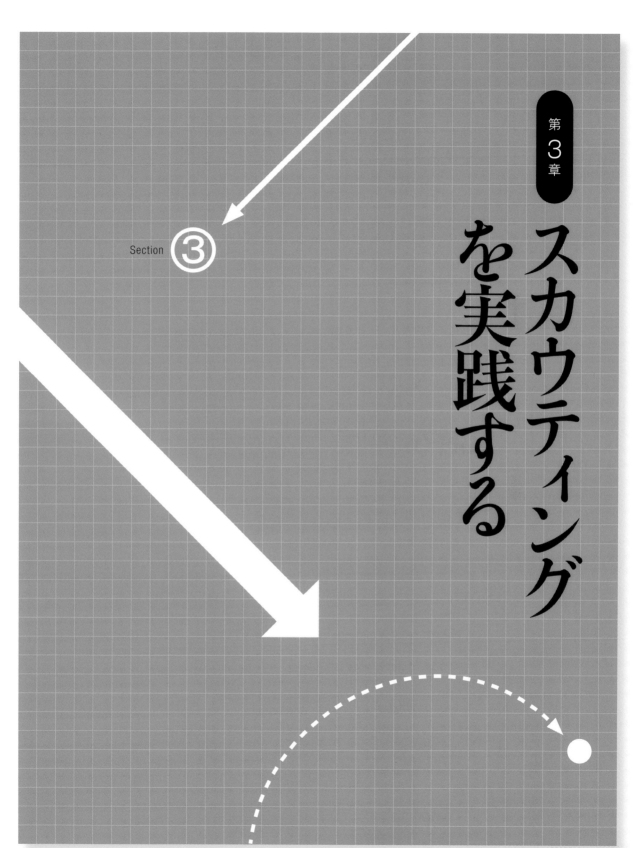

第3章

Section ③

スカウティングを実践する

1 収集する

「収集」は、スカウティングの土台となる部分です。
視野を広く保ち、試合に勝つために必要な情報として、選手のパーソナル情報やチームの過去の対戦成績、技術ごとの数値を正確に収集していきます。

1 勝つために必要な情報を集める

　情報の収集は、自チームや相手チームの情報を収集するだけではありません。勝つために必要だと思える情報に幅広く目を向けて、収集していくことがポイントになります。

　とはいえ、不必要なデータを大量に収集することは、チームの混乱を招いてしまうので、まずは必要だと思える情報のみを収集していきます。

　まず初めに、大会の日程や対戦方式、規定（レギュレーション）など、大会に関する情報を確認しましょう。また、最大のライバルとなる強豪チームといつ対戦するのか、シミュレーション（スケジューリング）を行うことが大切です。

　そこから、対戦チームの情報を事前に収集します。選手の身長、最高到達点、指高、利き手等のプロフィール、監督の強化方針、采配癖、これまでの対戦成績、ローテーションの特徴に関する情報を収集し、相手チームの特徴や弱点を解明していきます。

決定率と効果率の違い

　テレビ中継される国際大会やＶ・プレミアリーグでは、公式記録において各プレーの決定率や決定本数が算出されています。

　「決定率」というのは、「成功数」を「総数」（本数）で割った数字でプレーが決まる確率です。アタック決定率であれば、10本打って5本決めた場合は「決定率50%」になります。この決定率は、アタッカー自身の評価につながる数字と言えます。しかし、ミスが自チームの失点＝相手の得点となるバレーボールでは、チームの勝利に密接している数字とは言えません。

　そこで、アタッカーを評価する上で重視してほしいのが「成功数」から「失敗数」を引いた数を「総数」で割る「効果率」です（図3-1）。

　図3-2をご覧ください。Ａ選手とＢ選手のアタック決定率は、ともに10本中4本で40%

<収集する情報例>
- □選手のパーソナル情報（身長、ポジション、最高到達点、指高、利き手など）
- □選手のバックグラウンド（過去の経歴、所属チームなど）
- □監督の強化方針、発言、チーム構成　　□試合の方式、組み合わせ
- □ライバルの予想、シミュレーション　　□予想スターティングメンバー、交代選手
- □対戦成績　　　　　　　　　　　　　　□ランキング
- □前シーズンの情報　　　　　　　　　　□各プレーヤーの技術成績
- □ローテーションの特徴　　　　　　　　□監督の采配癖
- □相手チームの強み、弱み

です。しかし、失点を含めて計算した効果率では、大きな差が出ており、A選手の方が勝利への貢献度が高いことがわかります。なぜなら、決定率は失点の数が含まれていないため、勝利への貢献度を測ることができないからです。一方、効果率は決定率と失敗率を同時に捉えることができ、なおかつ勝利に密接した有効な数字と言えるでしょう。

効果率は、データを収集する際に軸となる数値なのです。

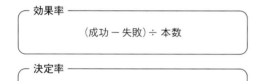

図3-1 効果率と決定率の違い

「決定率」は単純に打った本数のうち、成功した（得点となった）本数の割合。
「効果率」は打った本数のうち、成功した（得点となった）本数から失敗した（失点になった）本数を引いたものの割合。

選手	打数	決定	失点	決定率	効果率	式
A	10	4	0	40%	40%	$\frac{4-0}{10}=\frac{4}{10}$
B	10	4	5	40%	−10%	$\frac{4-5}{10}=\frac{-1}{10}$

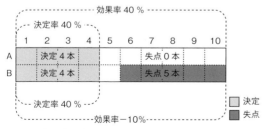

図3-2 効果率と決定率の算出方法
決定率は同じでも、失点が多ければ効果率は下がる（＝チームへの貢献度も低くなる）。

収集データ量における注意点

データを収集する上での注意点は、収集するデータの試合数、セット数が少ないと、母数となる総数が少なくなってしまうことです。

中高生の試合では、1試合3セットマッチで行う試合も多く、図3-3のように総数が少なくなるケースもあります。こうなると、たとえ確率が出ても参考になる数字とはいえません。

このような場合は、収集する試合数を重ねて、ある程度の総数が出た段階で、まとめて算出することをおすすめします。

総アタック数／決定本数	アタック決定率	
3本中1本	$\frac{1}{3}$＝33.3%	分母数が少ない＝信頼度が低い
4本中1本	$\frac{1}{4}$＝25%	
4本中2本	$\frac{2}{4}$＝50%	
99本中33本	$\frac{33}{99}$＝33.3%	

図3-3 収集した分母数が少ない例

＜中高生レベルでできるスカウティング＞

①相手オフェンス傾向とその対策
・どのレシーバーの返球率が低いか？
・誰が、どこから多く攻めているか？
・ブロックやレシーブの配置は正しいか？

②相手ディフェンス傾向とその対策
・自チームの誰がサーブで狙われているか？
・相手がどのようなブロックやレシーブ体形をしているか？
・自チームの誰の、どのような攻撃が有効か？

＜中高生の目標数値（例）＞

・レセプションは65%以上、3本中2本をセッターに返す。
・サーブミス、アタックミス、ネットタッチ、

ドリブル、レセプションミスの合計は1セット7点以内にする。
・全体のサーブミス率は10％以内。
・ベストアタッカーが前衛時はサーブミス率5％以内。
※実際にはカテゴリーごとに水準が異なるので、まずはデータをとり、そこから水準を見極め、目標を設定する。

9人制バレーのスカウティング

9人制バレーボールにおいても、スカウティングの本質は変わりません。

まずは、ルールと特性を理解しましょう。9人制の独特なルールは、サーブは一度ミスしても2回まで打てることで、1本目または2本目のサーブ効果率が高い選手は誰なのか、分析する必要があります。

またポジションにおいては、ハーフポジションがあります。サーブの狙い目、アタックのコース、レセプションのポジションを分析する際、コートの分割は6人制と比べるとより細かく設定することになります。

その他の特性としては、ブロックのタッチが1本目としてカウントされることや、ネットに跳ね返ったボールをリバウンドとしてレシーブすれば、プレーを続けることができるネットプレーがあります。

自チーム、相手チームの各プレーのデータを収集し、ローテーションごとの強み、弱みを分析し、戦術を立てていきましょう。

column ③

国内のデータ事情

1980年代にイタリアでバレーボール専用の解析ソフト「データバレー」が誕生して以来、各国の代表チーム、クラブチームが導入・活用して情報戦を繰り広げてきました。欧米のチームの中には、アナリストをコーチと同じ「戦術スタッフの一員」として捉えているチームも存在し、スカウティングを重要視しています。

著者（渡辺）らは日本スポーツアナリスト協会を立ち上げ、競技の枠を超えた"スポーツアナリスト"の連携強化および促進に努めている。

一方の日本では、2001年に全日本男子チームが国内で初めて「データバレー」を導入。2003年に日本語版が発売されてからというもの、全日本、V・プレミアリーグ、その下の実業団リーグ、大学、高校に広まり、アナリストやスカウティングの認知度も少しずつ高まってきました。

とはいえ、「データバレー」を扱える国内のアナリストの数はわずか50人ほど。今でこそ専属のアナリストが帯同するようになりましたが、「データバレー」の導入時期は、海外の試合ではアナリストが帯同せずに若手の選手がビデオを撮影していた時代もありました。それほど海外と日本のアナリストの捉え方や組織構造が異なり、スカウティング先進国に比べると遅れをとっている感がありました。

今後、国内でスカウティングの重要性を高めていくための一つの手段として、大学、高校、中学、小学校のカテゴリーにおける各技術の水準を提示していくことが挙げられます。

これまで日本バレーボール協会では、全国大会の準決勝、決勝において試合データを出してきましたが、カテゴリーごとの各技術のデータベースは存在していませんでした。今後は、選手たちが練習の指標となる各技術の数値を提示し、スカウティングの意識を高めていきたいものです。それは必ず、日本バレーボールのレベル向上につながるはずです。

2 サーブデータの収集

サーブの性質

サーブは、バレーボールのプレーの中でも最初のプレーであり、相手に邪魔されずにできるプレーです。基本的には外的要因がないため、プレーヤーの意志をもっとも伝えやすく、コントロールしやすいプレーといえるでしょう。

サーブの種類には、コースを狙いやすいフローターサーブ、高い打点からボールの変化を利用して打つジャンプフローターサーブ、エースを狙いやすいジャンプサーブなどがあり、それぞれに特長があります。

ジャンプサーブは、空中で強いボールを打つ速いサーブです。ミスが起きるというリスクを背負っても得点に結びつくため、「リスクサーブ」とも呼ばれています。また、フローターサーブは、コースを狙いやすく相手の攻撃を限定できるため、「戦術サーブ」とも呼ばれています。チームの立てた戦略に沿って、サーブの種類を打ち分けていきましょう。

サーブのコントロールの精度を高めれば高めるほど、戦術の実行度も高くなります。

```
＜サーブの収集項目＞
・サーブの種類
・始点（5段階）
・コース（距離、角度、球質）
・総打数、成功数、失敗数
・サーブ得点率
・サーブ効果率
```

始点とコース

サーブデータの収集で欠かせないのは、「どの場所からサーブを打ったのか」「どのコースに打ったのか」を明記しておくことです。

サーブの始点は、位置の目安がつくようにエンドラインを5分割します（図3-4）。

プレーヤーごとに分けてコート図を用意し、サーブポイントをとったコースは「青」、ミスは「赤」と色ペンでマーキングするとサーバーの得意、不得意が一目でわかります。

評価のポイント

サーブはプレー結果により大きく6段階に分けて評価します。評価が高い順に、サービスエース、相手Dパス、相手Cパス、相手Bパス、相手Aパスとなり、サービスミスは直接相手の失点になるため最も評価が低くなります。まずは簡易的に、①サービスエース、②サーブミス、③その他の3段階で評価することから始めてみるとよいでしょう。

また、相手チームのサーブにおいては、各プレーヤーの得意、不得意をチェックしておくと、レセプションの戦術に活かすことができます。

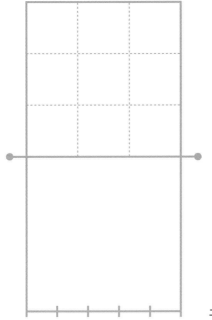

エンドライン（9m）をおおよそ5分割して用いる。

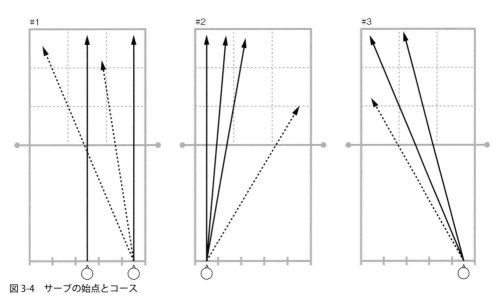

図 3-4　サーブの始点とコース
コースを記す際に濃淡や点線、破線などを用いて評価についても書き残すことができる。

3 レセプションデータの収集

レセプションの性質

レセプション（相手側のサーブを受けるレシーブ）は、攻撃の起点となる重要なプレーです。相手のサーブがどこにくるのかを見極めて、正確なパスをセッターに返し、攻撃へとつなげていきます。サイドアウト（サーブを打ったチームと反対側のチームが得点すること）を安定してとっていくためには、安定してレセプションを返すことが非常に重要です。

ブレイク（サーブを打ったチームが得点すること）を狙う際も、相手チームのどこを狙えばレセプションが崩れるのかといった相手のウィークポイントを分析することで、サーブの戦術に活かすことができます。

評価のポイント

レセプションの返球率は、サイドアウト率に大きく影響します。そのため、相手がどんなサーブを打ってくるのか、しっかり把握して準備することが大切です。

図3-5のようにセッターがすべてのアタッカーにセットを上げることができるレセプション、もしくはセッターの1m範囲内に返ったレ

```
＜レセプションの収集項目＞
・プレーヤーごとの返球率
・エリアごとの返球率（9分割）
・ボールコンタクト（本数が必要）
・ローテーションごとの返球率
・チームのサイドアウト率
```

セプションを「Aパス」と言い、最高レベルのレセプションとして評価します。

次に、セッターの正面にボールが返らなくても、セッターがクイックに上げられるレセプションを「Bパス」、セッターが大幅に動いた状態でセッティングに入り、二段攻撃になってしまうレセプションを「Cパス」、アタッカーが攻撃できないレセプションを「Dパス」と評価します。

4つの評価段階のうち、どこまでを成功とし、どれを失敗とするのかは、チームのレベルに合わせて基準を設定し、返球（成功）率を割り出しましょう。

エリアとボールコンタクト

レセプションに関する評価は、どのエリアで受けたかを明確にし、プレーヤーの得意、不得意を認識することが大切です。

図3-6のようにコートを9分割して、エリアごとの数値を収集していくと、プレーヤーの得意なエリア、不得意なエリアを評価することができます。

鍛錬期においてプレーヤーの技術向上を求めるのであれば、ボールコンタクトの位置によるレセプションの評価も収集していくとよいでしょう。図3-7は、身体のどの位置でボールコンタクトしたか、それは成功したのか、失敗したのかということを本数で収集します。なお、ある程度の受け数がないと評価するのが難しいので、シーズンを通して収集することをおすすめします。

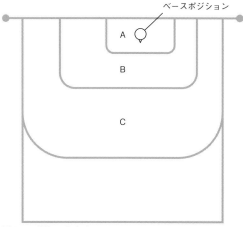

図3-5　評価のしかた

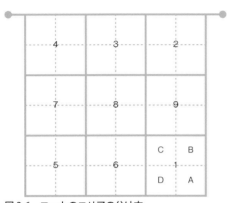

図3-6 コートのエリアの分け方
9分割されたエリアをさらに4分割（A、B、C、D）して収集することもある。

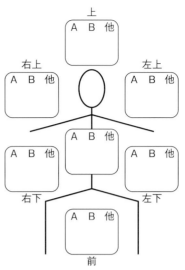

図3-7 身体のボールコンタクト位置の分け方
選手ごとにAパス、Bパスなどのボールコンタクトの評価（記録）を正の字でつけて集計すると、特徴が把握しやすい。

4 セッティングデータの収集

セッティングの性質

　セッティングは、味方がつないでくれたパスをアタッカーへ供給するプレーで、セッティング専門のプレーヤーをセッターと言います。

　セッティングは、直前のレセプションやディグが崩れなければ、セッターが考えている戦術を実現しやすいプレーです。

　セッターは、助走に入ったアタッカーとブロックの状態を判断して、どのアタッカーにセッティングするかを決定します。そのため、セッターは「チームの司令塔」とも呼ばれています。

評価のポイント

　セッティングの目的は、アタッカーに得点を決めてもらうことです。攻撃を仕掛けていく上

＜セッティングの収集項目＞
・いつ、どこ、誰に上げているか
・誰がどれだけ決めているか
・おとりの種類別の配球の傾向
・ローテーションごとの配球の傾向
・セッターのアプローチと配球の傾向

で、どんなセットをどのアタッカーに上げれば攻撃が決まるのかを、把握することが必要です。

　また、相手チームのセッティングを分析し攻撃を予測することで、自チームのディフェンスの戦術に活かすことができます。

　収集する際は、いつ、どんなセットを上げて、誰をおとりに使ったのかという情報に加えて、アタッカーの攻撃の成功数、失敗数も記録します。

セッターの配球

セッティングのデータを収集する上で重要なことは、セッターが選択肢を持っているときの配球です。Cパス、Dパスのようにレセプションが崩れてセッターがクイックを選択できない場面の配球に比べ、戦術的な意図がプレーに反映されやすいものです。

よって、レセプションがセッターに返ったAパス、Bパス時のセッティングの傾向、アタッカーの結果が、セッティングの分析として有益な情報となります。

セッターの癖を見抜く

セッターが、ボールにアプローチする際のフットワークや身体の向きから、セッティングの傾向やセッターの癖を収集することができます（図3-8）。

とくにレセプションが崩れた場面では、レフト、センター、ライト、バックポジションなど、それぞれのムーブメントのときのセッティングの傾向を収集してセッターの傾向を探っていきましょう。

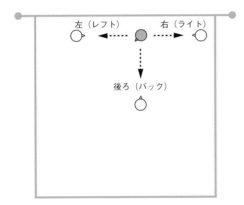

セッターがセッティング時にベースポジションに構えた後、パスの返球位置によって大きく3方向（右・左・後ろ）への移動が発生する。それぞれの移動に応じた配球癖（傾向）を分析する。
ベースポジション：●
移動後のポジション：○
セッターの動き：破線矢印
セッティングの方向：実線矢印

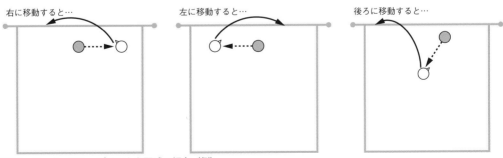

図3-8　セッターのムーブメントと配球の傾向（例）

5 アタックデータの収集

アタックの性質

アタックは、セッティングに対しアタッカーが助走、ジャンプを行い、相手のブロックやディグという外的要因を見極めながら仕掛ける攻撃のことです。強打、軟打といったバリエーションがあり、攻撃の種類はオープン、クイック、バックアタックなど多岐に渡ります。

アタッカーは、相手のブロックやディグなどのディフェンスシステムを判断し、ポジションごとにコースを打ち分けていく能力が求められます。サイドアタッカーは、ストレート、クロス、インナー、ブロックの間、ミドルアタッカーは、ターンやクロスになど、相手のディフェンスを見極めてアタックを打ち分けていきます。

評価のポイント

バレーボールでは、性別やカテゴリーによって若干の差はありますが、1セットあたりのアタックによる得点はおよそ15点。全得点のうちの約6割がアタックで構成されています（図3-9）。

また、図3-10に示したように、アタックの効果率が相手チームよりも上回ると、セットの獲得率も高くなっており、アタックが勝敗と密着していることは明らかです。

このことからもアタックでは、どのアタッカーがどれだけ決めているのかを把握し、そこを軸にして攻守の戦術を打ち立てていくことが重要となります。

イメージを頭に残す

アタックデータの収集では、各アタッカーの総打数、成功数、失敗数を収集して、決定率、効果率を算出していきます。

試合中に分析を行う場合、計算に時間がかかる場合があるので、図3-11のように各アタッ

> ＜アタックの収集項目＞
> ・アタック総数、成功数、失敗数
> ・アタック決定率、効果率
> ・プレーヤーごとの効果率
> ・ポジションごとの効果率
> ・ローテーションごとの効果率
> ・チームブレイク時の効果率
> ・レセプションアタックの効果率
> ・攻撃の種類
> 　（オープン、平行、クイック、移動など）
> ・助走のアプローチとコースの傾向
> ・フェイントの傾向

カーがどこから攻撃し、どのコースに打ったのかを簡単にマーキングしていきましょう。

決まったコースは青、ミスしたコースは赤と色ペンで色分けして、一目でわかるようにしておくとよいでしょう。

助走のアプローチによる傾向

図 3-12 のように、アタッカーの助走のアプローチとコースの傾向を収集することで、アタッカーの癖を見抜くこともできます。

アタッカーがどのような助走をすると、どちらかのコースに打つ可能性が高いのかを頭に入れておくことで、ディフェンスの戦術に活かすことができます。

また、自チームのアタッカーの癖もしっかり分析し、フォーム改善やコース打ちなどのレベルアップに励みましょう。

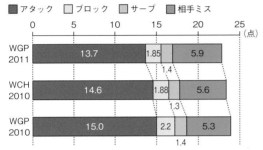

図 3-9　アタックによる得点の比率
WGP＝ワールドグランプリ、WCH＝世界選手権。全日本女子の 1 セットあたりの平均得点構成（比率）をみると、全得点のうち約 6 割がアタックによる得点であることが分かる。

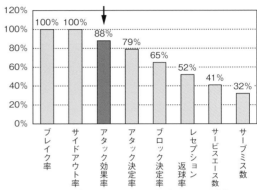

図 3-10　各指標が相手より上回った場合のセット勝率
※対象：2009 ワールドグランプリファイナルラウンドおよび 2009 ワールドグランドチャンピオンズカップの 112 セット

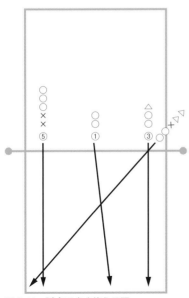

図 3-11　試合ですぐ使える図
○×△などの評価は、アタッカー側のコートの延長線上に書き残すことで、コース別のイメージをつかみやすくなる。

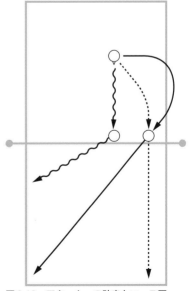

図 3-12　アタッカーの助走とコース図
アタッカーの助走のアプローチのとり方で打球の方向（コース）に特徴が出ることもある。

6 ブロックデータの収集

ブロックの性質

ブロックは、相手の攻撃を決めさせないためにネット際で防御するプレーです。ブロックの役割は、主に相手の攻撃をシャットアウトする、アタックコースを限定してディグの守備範囲を狭める、ワンタッチを狙いラリーを継続させる、という3つです。ディグ（次項7）と連携してディフェンスを展開していきます。

ブロックは、相手のプレーに対して反応するプレーであるため、いち早く準備を行うことが重要です。

トータルディフェンスとは

相手チームの攻撃を早く予測するには、どのようなサーブを打つと相手チームのレセプションは崩れ、どんな攻撃を仕掛けてくるのかを、あらかじめ分析しておくことがポイントになります。

ブロッカーは、サーブの狙いや相手チームの状況を把握して、配置や反応などブロックのシステムを決めていきます（図3-13）。

ブロックの配置には、主にスプレッド、バンチ、スタック、デディケートがあり、ブロックの責任範囲にはゾーン、マンツーマン、反応の仕方（方法）にはリード、コミット、目的にはキル、エリア、ソフトという種類があり、これらを相手チームの攻撃の特徴によって使い分けていきます。

このように、サーブとディフェンスを連携させた戦術をトータルディフェンスと言います（図3-14）。

トータルディフェンスの最終的な目標は、自チームにとって優位な攻撃状況を作り出すことです。どうしたら得点がとれるのかを常に念頭に置き、戦術を立てていくことが重要です。

```
＜ブロックの収集項目＞
・誰が、どこで、どれだけシャットアウトしたか
・配置（バンチ、スプレッド、デディケート、スタック）
・責任範囲（ゾーン、マンツーマン）
・反応（リード・コミット）
・目的（キル、エリア、ソフト）
```

```
配置の選択
スプレッド・
バンチ・スタック・
デディケート　ほか
```

```
責任の範囲
ゾーン・
マンツーマン
```

```
反応の仕方
リード・コミット
```

```
目的の決定
キル・エリア
ソフト
```

図3-13　ブロックシステム決定までの流れ

```
どこにどのようなサーブを打つのか
　　　　　▼
各ローテーションのブロッカーの配置
　　　　　▼
各ローテーションのコミット、リードの判断
　　　　　▼
ブロックでマークするコースを明確にする
　　　　　▼
レシーバーの配置を決める
```

図3-14　トータルディフェンスの流れ

<ブロックの配置>

スプレッド
　3人が左右に大きく広がる。サイドからの攻撃に有効。

バンチ
　2〜3人で束になって対応する。中央からのクイックやバックアタックに有効。

デディケート
　相手の特徴を踏まえて、ブロックマークを重点的に片方に寄せる配置。

リリース
　左右いずれかのブロッカーがアンテナ側に広がる配置。

フロント
　レシーブの返球場所やミドルブロッカーの踏切位置に応じて、ブロッカーが移動する配置。

<ブロックの責任範囲>

ゾーン　責任ゾーンを決めて守る。

マンツーマン
　常に1対1でアタッカーを追って守る。

<ブロックの反応方法>

リードブロック
　相手チームのセットや状況を確認してジャンプする反応の仕方。

コミットブロック
　アタッカーの動きに合わせてジャンプする反応の仕方。クイック攻撃に対して効果的。

<ブロックの目的>

キル
　攻撃をシャットアウトしポイントを獲得。

エリア
　ブロックによりアタックコースを限定。

ソフト
　ワンタッチでアタックの威力を弱め、ラリーを継続。

評価のポイント

　ブロックは、単純にブロックポイントの数だけを切り分けて評価するのが難しいスキルです。

　たとえシャットアウトを量産しなくても、ディグの守備範囲を限定してボールが上がったり、ワンタッチをとって攻撃につながれば、ブロックは成功と言えるからです。ブロックの評価を出す上では、その点に注意します。

　さらにプレーヤーの技術を把握するのであれば、ブロックの配置、反応、カタチを記録し評価していきましょう。

7 ディグデータの収集

ディグの性質

ディグ（相手側の攻撃を受けるレシーブ）は、相手チームの攻撃の特徴、コースを判断し、ブロック（前項6）と連動して行います。ブロッカーの配置が決まったら、基本的にブロッカーのいないコースにレシーバーは位置取りします。

バレーボールは、ボールをコートに落とさなければ負けない競技です。相手の攻撃を予測し、ブロックと連携しコートを守ることができれば、自チームの得点チャンスを生み出すことができるのです。

評価のポイント

ブロックの項でもお伝えしたとおり、ディグの収集は、ブロックとの連携もあるため、単純にディグの成功、失敗で切り分けて評価することは難しいと言えます。

レシーバー（ディグするプレーヤー）の得意、不得意なコースやエリアを把握するときは、その点に注意して、ディグの総数、成功数、失敗数を収集していきましょう。

より精密にパフォーマンスを評価していきたい場合は、レセプションのようにAディグ（セッターがすべてのアタッカーにセッティングできる）、Bディグ（クイックを使える）、Cディグ（二段攻撃になってしまう）と成功と失敗の評価の段階分けを行っていくとよいでしょう。

ディグのフォーメーション

また試合では、相手チームのディフェンスフォーメーションを必ず確認しましょう。コート図を用いて、空いているスペースやウィークポイントを抽出して、攻撃の戦術に役立てていきましょう（図3-15）。

<ディグの収集項目>
・ディグ数、成功数、失敗数
・ディフェンスフォーメーションの傾向
・軟打への対応力

図3-15　相手チームの配置

相手チームのフォーメーションで空いているスペースに関する情報を収集する。

8 ゲームの勝敗因の収集

ゲームの性質と評価の目的

ルールと特性の項で説明したように、バレーボールでは、得点の方法が「サイドアウト」と「ブレイク」の2つの場面に分けられます。

バレーボールは、サーブから始まる競技のため、先に得点できる可能性が高いのはレセプションをするチームです。ディグを拾うことが前提となるブレイクの場面よりも、相手のサーブに対して切り返せば得点できるサイドアウト時の方が得点しやすい競技と言われています。

均衡したゲームや同じレベルのチームが対戦する試合は、サイドアウトが高い確率で起こります。けれども、試合で勝利するためには、サイドアウトの繰り返しでは決着はつきません。

そのような状況から抜け出すためには、サーブから始まるラリーでいかにブレイクして連続得点を奪うことができるかがポイントになります。

現行のルールでは、セットを得るには、2点差をつけなければいけません。そのためには、最低でも2回はサーブ権をもっているときに、得点（ブレイク）しないと勝利できません。

サーブ権をもっているときにいかに相手のレセプションを崩してブレイクし、レセプションを行うときにいかにレセプションを崩されないでサイドアウトを獲得するかで、勝敗が決まります。

＜ゲームの勝敗因に関する収集項目＞
・チームブレイク率
・サイドアウト率
・ローテーションごとのチームブレイク率
・ローテーションごとのサイドアウト率

収集するデータ

このことから勝敗を握るデータとして、チームのブレイク率やサイドアウト率を収集しましょう。

ブレイク時では、どのプレーヤーがサーブを打ったときにブレイク率が高く、誰が得点を決めているのかが重要となります。チームブレイクフェーズのアタック効果率は必ずチェックしましょう。

また、サイドアウト時には、どのローテーションのサイドアウト率が高いのかをチェックしましょう。レセプション返球率やアタック効果率も合わせて収集し、相手チームの弱点を抽出していきましょう。

2 分析する

収集したデータを試合で活かせるか、活かせないかは「分析」次第です。
固定観念をもたずに幅広い視点で冷静に分析することが重要です。さまざまな切り口で解釈し、練習や試合に役立てていく情報をピックアップします。

1 試合で活かす

収集したデータを把握し、どのような特徴があるのかを分解することを「分析」と言います。

試合で収集した相手チームのデータを分析することで、自チームの戦術に活かすことができます。

大会期間中は、対戦するチームの過去のデータと合わせて事前に分析を行い、試合に挑みましょう。

過去の対戦では、相手チームはどのような攻撃を多く仕掛けてきたのか。また、勝ったことのある相手であれば、自チームのチームブレイク率やアタック効果率、レセプション返球率などがどのくらいだったのか、勝利するための目標となる数字を設定しましょう。

試合で勝つために必要なデータを収集して、戦術を立てていくことが大切です。

試合中の分析

分析を行うときは、部分的に目を向けるのではなく、まずは、収集したデータ全体に目を通して、特徴を見つけていきます。最初から一部分に目を向けてしまうと、全体の状況を把握できません。はじめは大きくデータをざっくりと見ていきましょう。

リアルタイムで試合の分析を行う時は、1セット目がとれなかったら、すぐに敗因を考えます。データ全体を見渡したときに、まずは「相手チームとの差は何か？」「どこが劣っていたのか？」をチェックします。

例えば、劣っていた部分がアタックの効果率であれば、「なぜ低かったのか？」「どのようなミスが多かったのか？」「誰のアタックが決まっていなかったのか？」「どのような攻撃が決まっていないのか？」といったように細部に渡って原因を探ります。

なかには、通常のボリュームゾーンに収まらない特異なデータが浮上する試合もあります。そういうときは、優先してその原因を探っていくことになります。

2 練習に活かす

試合で抽出した自チームのデータは、パフォーマンスを評価することで、チームや各プレーヤーの課題を明確化することができます。日々の練習では、その課題を克服するために、スキルアップに向け、取り組んでいきます。

課題をいち早くクリアするために重要なのは、適切な負荷をかけることです。目標との差を分析し、試合で起こり得る状況を想定した負荷を設定して、必ずゲーム場面を想定した"ゲームライク"な練習に取り組みましょう。

「ものさし」の選定

分析を行っていくときは、ゲームの構造を理解し、正しい「ものさし」を使って適切な分析を心がけましょう。

勝利と密接しているプレーは何か、発生頻度

が高いプレーは何か、どのプレーを優先的に分析すればよいのかなどを見極めて、正しい「ものさし」で、チームの力を分析していくことが大切です。

図3-10で示したように例えば、アタック決定率と効果率を比較すると、1セット目終了後アタック決定率が上回っているチームの勝率は70〜80％ですが、アタック効果率が上回っているチームの勝率は90％にのぼると言われています。それゆえ、アタック決定率というものさしで、いくらチームやプレーヤーを評価しても、勝利に結びついているとは言えません。

適切ではない「ものさし」でいくら測って原因を分析しても、答えは一向に見つからないのです。データは、選手の起用法やスターティングメンバーの選考に大きくかかわってくるものですので、適切ではない「ものさし」で、選手の優劣を決めてしまうことだけは避けたいものです。

3 サーブの分析

サーブを評価する

表3-1は、プレーヤーごとのサーブを評価し、得点率、失点率、効果率を集計します。

得点は「☆」、レセプションを崩したサーブは「○」、失点は「×」という記号でカウント欄の数字に上書きしながら評価を記録していきます。

表3-1 プレーヤーごとのサーブ評価

NO.	選手名	カウント					打数 ①	☆ 得点 ②	○ 崩した ③	× 失点 ④	得点率 (②+③)÷①	失点率 ④÷①	効果率 (②+③－④)÷①
		1	2	3	4	5							
		6	7	8	9	10							
		11	12	13	14	15							

レセプションで評価する

上記の方法では得点と失点のみを集計しましたが、表3-2のように相手のレセプション結果に応じてもう少し成功と失敗の定義を広げることで、サーブの評価をする方法もあります。

表3-2の場合は、相手チームのレセプションが、Cパス、Dパスになった場合はサーブを「成功」、Aパス、Bパスになった場合は「失敗」として評価しています。

表3-2 相手レセプションによるサーブの評価

NO.	選手名	カウント					サーブ失敗		サーブ成功		打数 ①	成功率 ②	失敗率 ③	効果率 (成功数－失敗数)÷①
							Aパス	Bパス	Cパス	Dパス				
		1	2	3	4	5	本	本	本	本				
		6	7	8	9	10	%	%	%	%				
		11	12	13	14	15								

サーブ力のあるプレーヤーを活かす

　サーブ力が高ければ高いほど、相手チームの守備が崩れやすいため、チームがブレイクする確率も上がります。

　このことからも、どのサーバーの得点率、効果率が高いのかを分析することは重要です。得点力の高いサーバーにサーブ順が多くまわってくれば、その分チームの得点チャンスもめぐってきます。得点力の高いサーバーがサーブを多く打てるようなスタートローテーションを考えることも1つの戦術と言えるでしょう。

　また、得点力の高いサーバーと、相手チームのレセプション返球率が低いローテーションとをかみ合わせるのも有効です。

　サーブのデータを分析して、自チームが優位になるようなローテーションを設定していくことが大切です。

レセプションを強化する

　自チームがサイドアウトをしっかり切っていくためには、相手チームのサーブ力のあるプレーヤーを警戒しましょう。そのサーバーがどこから、どのコースに、どのくらいのスピードで、どのような回転のサーブを打ってくるのかを分析します。

　得点力の高いサーバーに対しては、レセプションのフォーメーションを強化しましょう。例えば、パサーを1人増やす、カバーし合う、Bパスを想定した攻撃を組み立てるなど、工夫を取り入れるとよいでしょう。

　相手サーバーは、自チームのレセプションの返球率が低いプレーヤーをウィークポイントエリアとして狙ってきます。あらかじめ、サーバーがどこを狙ってくるか予測できる場合は、ポジションチェンジを行うことも対応策の1つと言えるでしょう。レセプションのポジションチェンジは、サーバーに悟られないタイミングで行うのが効果的です。

　相手のサーバーには、自チームのウィークポイントに狙いを定めてもらい、サーバーがボールを打つギリギリの瞬間でポジションチェンジを行います。自チームのウィークポイントを逆手にとった戦術で、敵を欺いていきましょう。

相手サーバーのリズムを乱す

　得点率の高いサーバーに対しては、少しでもサーバーの集中力を散漫させ、リズムを乱したいものです。

　このような場合、ルールの時間特性を利用するのもよいでしょう。チームベンチは、得点力の高いサーバーがサーブを打つ前にタイムアウトを要求する光景もよく見られます。

　とくにサーバーがルーティーンに入り始めたところを狙って、タイムアウトを要求すると、サーバーにとってはもう一度、集中し直し、リズムを作らなければなりません。

　このように、サーバーの心理を想定した戦術を仕掛けていくことも試合に勝つためには必要なのです。

4 レセプションの分析

評価の基準を設定する

表3-3は、プレーヤーごとのレセプションの返球率を評価したものです。

レセプションの評価は、「成功」「失敗」「失点」の3段階に分けます。Aパスを「成功」とするのか、Aパス、Bパスを「成功」とするのか、チームのレベルに合わせて評価の基準を設定しましょう。

表 3-3　プレーヤーごとの返球率

NO.	選手名	カウント	受け数	○ 成功	△ 失敗	× 失点	成功率	失点率
			①	②	③	④	②÷①	④÷①
		1 2 3 4 5 6 7 8 9 10 11 12 13 14 15						

ローテーションごとに評価する

表3-4は、ローテーション別のレセプションの返球率です。

各ローテーション、各プレーヤーのレセプション成功数、失敗数を収集し、どのローテーションの返球率が高いのか、低いのかを抽出することが目的です。

表 3-4　ローテーション別の返球率

	NO.	カウント	受け数	Aパス	Bパス	Cパス	Dパス	成功率	失敗率
				○成功数		×失敗数			
S1		1 2 3 4 5 6 7 8 9 10 11 12 13 14 15							
		1 2 3 4 5 6 7 8 9 10 11 12 13 14 15							
		1 2 3 4 5 6 7 8 9 10 11 12 13 14 15							
		1 2 3 4 5 6 7 8 9 10 11 12 13 14 15							
		1 2 3 4 5 6 7 8 9 10 11 12 13 14 15							
		1 2 3 4 5 6 7 8 9 10 11 12 13 14 15							

※1ローテーションにつき、6人分設定する。

エリア別に評価する

ローテーションすることによって、プレーヤーはいくつかのエリアでレセプションを行います。そのため、各プレーヤーのレセプションの評価を行う際は、エリアごとに収集していくことになります。エリアはコートを9分割にして、それぞれ成功数、失敗数をつけていきましょう（表3-5）。

どのローテーションでもしっかりサイドアウトがとれるように、各プレーヤーは苦手のエリアでの練習を積み重ねましょう。

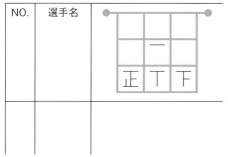

表3-5　エリア別の返球率

エリアごとに正の字を記入する。成功は青字、失敗は赤（朱）字で色替えすると一目でわかる。

レセプションを強化する

レセプションのフォーメーションは、チームの特徴や仕掛ける戦術によってさまざまです。セッター以外のプレーヤー全員でレセプションを行うケースもあれば、レセプションの得意なプレーヤー2、3人でレセプションを行うケースもあります。どのローテーションにおいても、しっかりサイドアウトをとれるような高い返球率を目指していきましょう。

相手チームは、レセプションの戦術を見極めて自分たちの弱点やプレーヤーとプレーヤーの間、ライン際、コーナーなど厳しいコースを狙ってくるでしょう。

レセプションの返球率が低いローテーションでは、プレーヤー同士がポジショニングをしっかり確認して連携を図っていくことが重要になります。ミスした場合でも、周囲のプレーヤーがカバーできるように準備しておきましょう。

サーブの狙いを決める

逆に、サーブで相手チームのレセプションを攻める場合は、どこにサーブを打てば得点がとれるのかを分析します。相手チームのレセプションアタック決定率やサイドアウト率が低くなるようなサーブを打っていくことが重要です。

とくに、アタッカーの助走コース、セッターのランニングコースは、相手のプレーを妨げる点から狙い目と言えるでしょう。相手のウィークポイントを確実に狙えるようなサーブ力を身につけ、ディフェンスの戦術に活かしていきましょう。

発生頻度を見極める

ローテーションやエリアごとの返球率を収集し、発生頻度の高いプレーを分析します（図3-16）。

発生頻度の低いプレーをいくら向上させても、試合で活かせるチャンスは少ないでしょう。発生頻度の高いプレーを見極めて、向上させていくことが、勝利につながります。

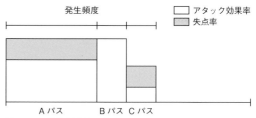

図3-16　発生頻度を見極める
発生頻度の低いものをレベルアップするより、頻度が高いものの確率を上げることが重要。

5 セッティングの分析

レセプションによる攻撃の組み立て

表3-6は、レセプションの状態からセッターがどのポジションにセッティングしたのかを収集したものです。レセプションと連動したセッティングの傾向を分析します。

レフト、センター、ライト、バックと攻撃のポジションを明記します。どのポジションでおとりが入ったのか、実際にセッティングしたのはどのアタッカーだったのか、その攻撃は決まったのか、という評価を得点の経過で追っていきます。

ローテーション別や時系列で追っていくことで、セッティングの特徴を把握することができます。

表3-6　レセプションによるセッティングの傾向

レセプション NO.	レセプション 評価	レフト L	センター C	ライト R	バック B	得点状況
15	A	○	B			2-3
10	B-2		Ⓐ			10-8
10	B-4		B	×		18-12
5	A		B̸			20-19

○＝アタック成功、×＝失点、／＝その他。
A＝おとりにセンタープレーヤー（C）がAクイックに入ったこと。
B＝おとりにセンタープレーヤー（C）がBクイックに入ったこと。
C＝おとりにセンタープレーヤー（C）がCクイックに入ったこと。

おとりを使った時の傾向

表3-7は、ローテーション別で見る、おとりの使い方によるセッティングの傾向です。

ミドルアタッカーが、Aクイック、Bクイック、Cクイックのどのクイックモーションに入ると、セッターはどこにセッティングするのか、を収集します。「○」「×」で攻撃の成功、失敗を記録していきます。

ローテーションごとに、コート図を使って記録し、セッティングの傾向を頭の中にイメージを植え付けていきましょう。

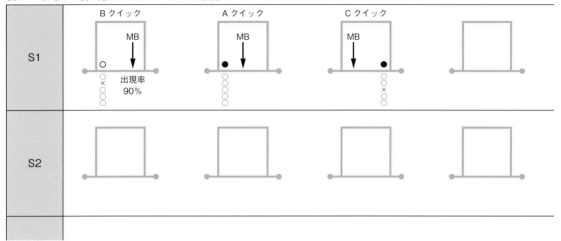

表3-7 おとりの使い方によるセッティングの傾向

ミドルブロッカー（MB）のアプローチ（おとり）別にどこから攻撃してどのような結果になったかを記録する。
コート図に記入することでどこからの攻撃が多いのかイメージしやすく、ローテーションごとに記録することで傾向がよりいっそう把握しやすい。

シチュエーションを把握する

相手のセッティングの傾向を分析すると、クイックをよく使うシチュエーションやセッティングの配分がわかり、ディフェンスの戦術に活かすことができます。

相手のセッターは、どのアタッカーを信頼しているのか、最初の攻撃はどこに上げるのか、サイドアウトが切れないときはどこに上げるのか、セッティングの特徴や癖を頭に入れておきましょう。

また、セッター以外のセッティングもチェックしておきましょう。

例えば、セッターがディグを拾ったときやコート内にセッターがいない場面で、どのプレーヤーがセッティングを行い、どんな癖があるのか、を把握しておくとよいでしょう。

セッターがコートにいない場合は、セッティングの上手なプレーヤーにセッティングさせないような戦術が求められます。例えば、ファーストボールはそのプレーヤーを狙っていくとセッティングはそれ以外のプレーヤーになるので、相手チームのアタック効果率を下げることにつながる可能性が高まります。

6 アタックの分析

効果率を算出する

表3-8は、プレーヤーごとのアタック決定率と効果率です。「打数」「得点」「失点」を集計し、アタッカー自身の評価となる「決定率」と、チームの勝利に密接にかかわってくる「効果率」を算出します。

表3-8 プレーヤーごとのアタック決定率と効果率

NO.	選手名	カウント					打数 ①	○ 得点 ②	× 失点 ③	決定率 ②÷①	効果率 ((②−③)÷①)
		1	2	3	4	5					
		6	7	8	9	10					
		11	12	13	14	15					

ローテーションごとの効果率

表3-9は、ローテーション別の決定率と効果率です。どのローテーションのアタック効果率が高く、また低いのかを収集し、攻撃の戦術に活かしていきます。

コート図を用いて、各ローテーションの攻撃のフォーメーションを描き、多いところには「○」をつけるなどマーキングしておくと、よりイメージしやすくなるでしょう。

表3-9 ローテーション別のアタック決定率と効果率

ローテ	NO.	選手名	カウント					打数 ①	○ 得点 ②	× 失点 ③	決定率 ②÷①	効果率 ((②−③)÷①)
S1	3		1	2	3	4	5					
			6	7	8	9	10					
			11	12	13	14	15					
	10		1	2	3	4	5					
			6	7	8	9	10					
			11	12	13	14	15					
	5		1	2	3	4	5					
			6	7	8	9	10					
			11	12	13	14	15					

1ローテ 6人分だす

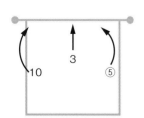

このローテーションの攻撃フォーメーションの割合、決定率を出す。多いところには○をつけて印象づけるとよい。

	決定率	効果率
S1		
S2		
S3		
S4		
S5		
S6		

選手ごとだけでなくローテーション別に集計すると、比較して特徴を把握しやすくなる。

アタッカーの効果率

セッターは、自チームのアタッカーの効果率を確認し、どこにトスを上げると得点が決まりやすいかを確認しましょう。そのデータを基に、おとりの使い方や攻撃のコンビネーションを組み立てることができます。

1セットごとにチェックすると、アタッカーの好不調を把握できるので、客観的に判断して攻撃の戦術に活かすことができます。

アタッカーのミス（失点）の指標を作る

全日本などのトップクラスのチームのアタックミス（失点）は、獲得したセットにおいてチーム平均で4本以内とされています。逆に言うと1セット平均4本でアタックミス（失点）を抑えることができれば、そのセットを獲得できるということです。

アタックの失敗率と勝敗の関係を分析して、あらかじめ「ミスは何本まで出してもいいか」などの指標を出しておきましょう。

なお、確率（パーセンテージ）ではイメージしにくいので、ミスしてはいけない具体的な本数を提示し、アタッカーはミスの数字（本数）を意識して日頃の練習で攻撃を仕掛けていきましょう。

ディフェンスのエリアを絞る

相手チームのプレーヤーごとのアタック効果率を分析し、それに対するブロッカーの配置、反応の仕方、手の出し方、ディグの配置をプランニングします。こうすることで、ディフェンスでマークするべきところ、捨てるべきところを明確にすることができるでしょう。

また、アタッカーの助走によるコースの傾向を分析することで、ブロッカーはどこに配置し、レシーバーはどこを守るべきかといったディフェンスエリアをいち早く判断できます。相手のアタッカーの癖を分析することで、守るべきエリアを予測することができます。

変化が予測されるとき

セッティングの傾向を含めたアタックのデータは、勝利に密接するデータです。

例えば、試合中にアタッカーがミスをした場合、次は攻撃パターンを変えるのか、それとも同じアタッカーに上げるのかは、相手ディフェンスにとって重要な選択肢となります。

このように戦術の変化が予測されるときの傾向の分析も必要です。どのプレーヤーが多く得点を決めているのかなど、あらかじめ起こりえるケースを予測しておきましょう

7 ブロックの分析

ブロック得点をカウント

表3-10は、プレーヤーごとにブロック得点をカウントし、ブロック総得点を評価しています。

どのプレーヤーが、どの攻撃をシャットアウトしたかを把握することができます。

表3-10 プレーヤーごとのブロック得点

NO.	選手名	カウント					総得点
		Ⓛ	Ⓐ	Ⓡ			
							3

A＝Aクイック、R＝ライト攻撃、L＝レフト攻撃、Cセンター攻撃、○＝成功、×＝失敗

いつ、どんなブロックがくるか

表3-11は、攻撃の組み立てに対してブロックの傾向を収集します。

アタッカーがレフト、センター、ライト、それぞれのポジションで攻撃を仕掛けた際、相手ブロッカーはリード（相手セッターが上げるトスの動きに合わせて跳ぶ）、コミット（相手のアタッカーの動作に合わせて跳ぶ）、ヘルプなど、どのようなブロックをしたのか、そしてそれが決まったのか、を評価していきます。

得点の経過を明記することで、ブロックサイドチームが、いつ、どんなブロックを仕掛けてくるかを把握することができ、攻撃の戦術に活かすことができます。

バンチ、スプレッド、スタック、デディケート、ゾーン、マンツーマン、キル、ソフトの分類を収集するときは、項目を置き換えて使用します。

表3-11 時系列によるブロックの傾向

	レセプション	おとり	配球	レフト	センター	ライト
1-2	A	A	A		Ⓒ	
3-5	B	B	L	R	C	←
15-10	B	C	L	R	R	
19-18						

ブロックの動き
R＝リード
C＝コミット
⇆＝ヘルプ
○＝決定

攻撃の戦術に活かす

相手チームのブロックシステムを分析し、いつ、どのアタッカーに対してどのような配置、範囲、反応、目的でブロックを仕掛けているかを分析します。

例えば、相手チームはバンチ（ブロッカーの間隔を狭めて）で構えているから、サイドからの攻撃が有効、また、相手のミドルブロッカーはコミットを多く用いるので、クイックをおとりにした時間差攻撃が有効、といったように相手のブロックシステムに対し、有効な攻撃の戦術を考えましょう。

8 ディグの分析

表3-12は、プレーヤーごとのディグの「総数」、さらに成功数と失敗数から「成功率」を評価しています。

表3-13は、ローテーションごとのディグの評価です。

表3-12　プレーヤーごとの成功率

NO.	選手名	カウント						総数	○成功	×失敗	成功率
		1	2	3	4	5	6				
		7	8	9	10	11	12				
		13	14	15	16	17	18				
		19	20	21	22	23	24				

表3-13　ローテーション別の成功率

ローテ	NO.	カウント						総数	○成功	×失敗	成功率
S1		1	2	3	4	5	6				
		7	8	9	10	11	12				
		13	14	15	16	17	18				
		19	20	21	22	23	24				
		1	2	3	4	5	6				
		7	8	9	10	11	12				
		13	14	15	16	17	18				
		19	20	21	22	23	24				
		1	2	3	4	5	6				
		7	8	9	10	11	12				
		13	14	15	16	17	18				
		19	20	21	22	23	24				

ウィークポイントを狙う

　表3-12、3-13は、あくまでもディグ単体の評価になりますが、ブロックの配置と合わせてディグを評価していく場合は、コート図を用いてカウントしていくとよいでしょう（図3-17）。

　相手チームが、どのような配置でブロックし、後ろのレシーバーが何本ディグを上げたのかを評価します。

　アタッカーは、相手ディフェンスのウィークポイントはどこか、ウィークポイントエリアはどこか、フェイントの落としどころなどを把握し、攻撃の戦術に活かしていきましょう。

パフォーマンスを評価する

　自チームのディフェンスを分析する際も、どのような攻撃、コース、種類に対して、ボールを上げられたか、ノータッチで落ちたのか、タッチしたけれど上がらなかったのかなど、レシーバーのパフォーマンスを評価していきましょう。

　各プレーヤーの得意、不得意を明確にして、ボールを落とさない意識をもって練習に取り組みましょう。

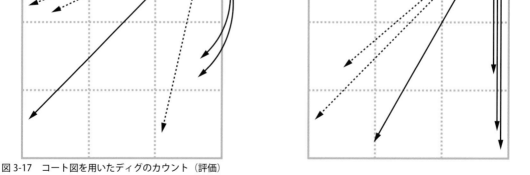

図3-17　コート図を用いたディグのカウント（評価）
ブロックの配置によって、どのコース、どの位置、どのエリアにボールがくるのかを分析する。破線は拾えたところとし、ディグの成否がわかるように記録するとよい。

9 ゲームの勝敗因の分析

得点力のあるプレーヤーにつなげる

表3-14はどのローテーションで、どのプレーヤーがアタックを決めたかを収集し、それぞれの効果率を出したものです。ブレイクフェーズとサイズアウトフェーズに分けて記録することで、ローテーションごとの得点源を把握することができます。

表3-14 チームブレイク時のアタック効果率（ローテーション別）

サーブNO.	NO.	カウント	打数	○	×	他	決定率	効果率
	3	○○×／○○／／／○	10	5	1	4	50%	40%
		TOTAL						

↑
各ローテごとの
効果率出す

サイドアウトをとるための組み立て

表3-15はサイドアウト時、どのローテーションでどのプレーヤーがレセプションアタックを決めたかを収集し、それぞれの効果率を出したものです。

レセプションの評価とアタック効果率を重視し、サイドアウトをとるために得点力の高いアタッカーを中心に攻撃を組み立てましょう。

表3-15 レセプションアタックの効果率（ローテーション別）

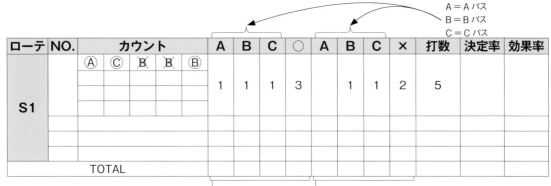

A＝Aパス
B＝Bパス
C＝Cパス

ローテ	NO.	カウント	A	B	C	○	A	B	C	×	打数	決定率	効果率
S1		Ⓐ Ⓒ Ⓑ Ⓑ Ⓑ											
			1	1	1	3	1	1	2	5			
		TOTAL											

スパイクが決まっている時のレセプションの状態／スパイクが決まっていない時のレセプションの状態

ブレイク率を高める

自チームがブレイクするには、相手のサイドアウト率が低くなるようなサーブを打ち、有効なトータルディフェンスを仕掛けていくことが先決です。

相手チームのサイドアウト時のアタック効果率を分析し、得点力の高いアタッカーをマークしていきましょう。

練習での活かし方

ローテーション別のチームブレイク率、サイドアウト率のアタック効果率が低いローテーションをしっかり認識しておきましょう。

効果率の低いローテーションは、なぜ低いのか、さらに細かく原因を分析し、確実に攻撃を決められるように練習に取り組みましょう。

相手の裏をかく

試合においては、相手チームの特徴を分析してそれに対して戦術を考える、というのがオーソドックスです。

それとは逆の発想で、相手チームが自チームの弱点を攻めてくることを想定して戦術を立てる、という相手の裏をかく方法もあります。

そのため、相手チームの分析だけではなく、自チームの分析にもしっかり時間をかけることが重要です。

10 分析のタイミングと方法

分析の内容

分析する前に確認しておかなければいけないことは、分析したデータをいつ、どこで、どのタイミングで活用するのか、ということです。

年間を通じて考えれば、試合期に必要なのか、練習期に必要なのか。また試合期、練習期においても、試合・練習前、試合・練習中、試合・練習後なのか。

それによって、分析する人数や時間もそれぞれ異なっていきますので、あらかじめ用途を確認しておきましょう。

優先順位をつける

分析する場所や環境によっては、用途に対して分析する人数を補充できないというときもあるかもしれません。そういうときは、分析するデータの優先順位を決めておきましょう。

試合日数が多く期間が長い大会は、対戦相手のレベルや情報収集量によって、優先順位をつけていきます。もともとデータをもっているチームであれば、前日の試合で収集・分析を行います（図3-18）。

データをもっていないチームや大きなライバルとなる対戦チームのデータは、大会初日から収集し、分析に時間をかけることをおすすめします。

試合前日

試合の前日までは、翌日の試合の対戦チームを分析し、戦術を立てていく必要があります。

チーム全員でミーティングを行うのであれば、戦術として共有できるように、相手チームの特徴や気をつけなければいけない点、何を仕掛けていくのかを明確にしなければなりません。

試合中

試合中、リアルタイムで分析を行う時は、当然のごとくスピードが求められます。

準備した戦術を仕掛けて、1セット終わった時点で、それがプランどおりに進んでいれば、問題はありません。けれども、セットを取られ相手チームとの差が生まれてきたら、ゲームプランの修正が必要になりますので、すぐに戦況に応じた分析や情報提供が求められます。

試合後

試合後は、次の試合の分析に追われてしまい、その日の試合の戦術の結果や効果はどうだったかなど、反省点を洗い出すことが、おろそかになりがちです。

「サーブは、戦術どおりに狙えて機能していたのか」「アタックのミスは最小限に抑えることができたのか」など、作戦を立てっぱなしにするのではなく、戦術の成果を振り返ることも大切です。

準備ばかりに目がいきがちですが、試合の結果を振り返ることも、次の分析につながります。

鍛錬期

試合や大会などがない練習期は、各プレーヤー、チーム全体のスキルをじっくり分析できる絶好の機会です。

試合期を通して分析した各プレーヤー、チームの課題を抽出し、練習を取り組むにあたり重点をどこにもっていくかを明確にしましょう。

	前日	1日目	2日目	3日目	4日目	5日目
アナリスト①	分析	反省	分析			
アナリスト②		分析	反省			
アナリスト③	分析			分析	準決勝	

図 3-18　試合期間中の分析の作業分担の例
作業は分担する。どこに照準をおくか。いつ、どんな情報が必要か。

3 伝達する

分析した情報をコート上で活かすために重要な役割を担うのが「伝達」です。
情報提供者がチームスタッフや選手に情報を的確に伝えるためには、プレゼンテーション能力をはじめ、さまざまな能力が求められます。

1 伝達の目的

収集・分析したデータを戦術として活用するために、チームの意思決定者となる監督やコーチに情報を伝えることを「伝達」と言います。

情報の伝達は、一般的に「コミュニケーション」とも呼ばれ、送信する側と受信する側との間の理解によって成立します。

いかに相手にこちらの想いを伝え、理解してもらうか。一方通行ではなく、自分が伝えたことを相手が理解して情報、意志、感情を共有することが、伝達の目的です。

プレゼンテーションとは

情報共有のためのコミュニケーション手段の1つとして挙げられるのが、プレゼンテーションです。

いくらデジタル化が進んだとしても、プレゼンテーションは人と人との相互作用で成り立っています。人が人を相手にする以上、プレゼンテーションの効果が、内容そのものにまで大きな影響を与えることは間違いありません。

プレゼンテーションは、これらの要素に十分配慮し、好感をもたれるわかりやすいプレゼンテーションにしていくことが求められます。

プレゼンテーションの注意点

人は、目や耳など五感を使って自分の周りの状況を知覚します。けれども、知覚は人の過去の経験や思考によってそれぞれです。時には、外界からさまざまな刺激が入ってくることもあるので、イラストや写真1つにしても人それぞれで捉え方が異なります。

図3-19の上段2つの図は、何に見えるでしょうか？ 左図(①)は、老婆の横顔にも見えますし、婦人の後ろ姿にも見えます。右図(②)は、ツボにも見えますし、向かい合う2つの顔にも見えます。また、下段の図(③)は、淡い部分は変形したブロックに見えますが、その間の濃い部分に焦点を合わせると「LIFE」という文字が浮かび上がってきます。

このイラストも、収集・分析した情報も同じです。1つの情報に対して、受け止め方は人それぞれですので、伝達の方法がわかりにくいと間違った理解を生んでしまいます。間違った理解を生まないためには、相手に関心をもってもらい、相手に意識をもって聞いてもらうために、焦点を明示し要点を絞ることが大切です。

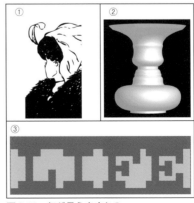

図3-19 何が見えますか？

2 伝達の工夫

　焦点を絞る工夫は、試合前のミーティングでも取り入れることができます。

　相手チームのビデオ映像を流して、ただ見るだけでは、頭には残らないでしょう。チームの目的は、ミーティングすることではなく、勝つことが目的なのです。

　いかに相手のことを知ってもらい、聞く側の理解を高めるためには、先にポイントとなる部分を明示して聞く側の注意を引いておくとよいでしょう。

　また、映像のアングルにおいても、見やすさにこだわりましょう。プレーを見せるべきチームが画面の奥側にいる場合は、映像が小さいとイメージが掴みづらくなります。そういう場合は、見るべきチームが画面の手前側にいるセットから先に見せるなど、ちょっとした工夫を心がけるとよいでしょう。

　伝達の準備が不十分になると、映像のポイントを提示できず選手が映像を見逃したり、選手の集中力が散漫になります。準備する時間に余裕があるときは、ミーティングのリハーサルを行い、伝達の準備をしっかり行っておくといいでしょう。

　伝える側の工夫と気遣いによって、受け取る側に伝えたいことを確実に伝えることができます。

試合中の伝達

　チームの戦術や目標を最終的に決めるのはアナリストではありません。情報を伝える側は、分析したデータと自分の解釈を混同しないように気をつけましょう。

　情報提供者の任務は、あくまでもデータから読み取れる事実を伝えることにあります。さらに情報提供者の解釈として意見を述べるのであれば、「こういうことが起きているので、私はこう思います」と一言、付け加えるとよいでしょう。

　とくにスピードが求められる試合中での伝達は、常に平静を心がけ、事実と情報提供者側の解釈の行き違いには十分注意しましょう。

プレーヤーの意欲を沸かせる

　ミーティングでは、情報を伝えるのはスタッフですが、実際にコートでプレーし、情報を活かすのはプレーヤー自身です。

　スタッフ側は、決して「情報の押し売り」にならないように注意し、プレーヤーの意見を聞き入れながら情報交換を行っていきましょう。

　理想は、プレーヤーにとって必要なものを持ち帰ってもらうイメージです。選手の知欲がわかなければ知識も身につきませんし、知恵もわいてきません。まずはプレーヤーの興味を引き、意欲をかきたてる伝達を心がけましょう。

　なお、ミーティングで提供する情報は「絶対的」な情報ではありません。あくまでも情報は生き物であるため、コートの中ではプレーヤーの判断力や柔軟性が必要であることを伝えることも大切です。

監督が求めるもの

　チームという1つの組織の中の意思決定者は、監督です。情報を提供する側は、監督が何を求めているか、どんな強化方針を考えているのかをまず把握します。

　監督にもいろいろなタイプがいるでしょう。「何でも気づいたことを言ってほしい」というタイプ、「自分が知りたいことを提示してくれればそれでいい」というタイプなどなど。監督が求めるものを理解した上で、プレゼンテーションを行っていくことが大切です。

　また、監督とのコミュニケーションは、伝えるタイミングも重視しましょう。多忙なとき、時間に余裕があるときを比べると、同じ情報で

も伝えるタイミングによって、価値や効果が変わってきます。頭に残るタイミングはいつなのか、を念頭に入れて、コミュニケーションをはかっていきましょう（図3-20）。

選手が求めるもの

スカウティングを行う際、プレーヤーへの感情移入はご法度ですが、プレーヤーが自身の向上のためにどんな情報を求めているかを見極め、常に先回りして情報を提供することは、情報を提供する側としての重要な任務です。

常にプレーヤーがどんな課題を掲げて練習を行っているのかを観察し、コミュニケーションを図っていきましょう。

例えば、あるプレーヤーがクイックの練習に取り組んでいるのであれば、お手本となるようなライバルチームのミドルブロッカーの映像集やクイックの決定率を提示する。プレーヤーが試合に勝つために必要としている情報を差し伸べることで、プレーヤーと信頼関係を築けるきっかけになるかもしれません。

指導に活かす

スカウティングにおけるデータは、客観的に自チームを見つめなおす材料ですが、伝達においては人と人のつながりで成り立っています。

勝利という目標に向かって、情報提供者は膨大な数字を精査し、監督やプレーヤーに伝達します。「勝つための素材を用意してくれた」「自分のために提供してくれた」という過程が、第3の目でありながらも血を通わせることになり、情報提供者との信頼関係につながります。

指導者の皆さんは、プレーヤーの意識向上や信頼関係を築き上げることを目的に、スカウティングをぜひ指導に活かしていってほしいと思います。

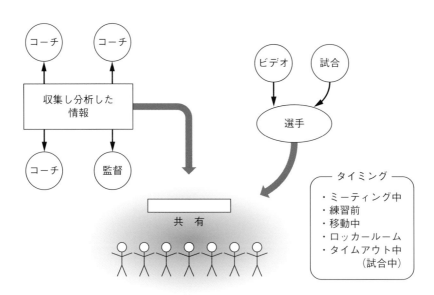

図3-20　伝えるタイミング（イメージ図）
スカウティングのために収集した情報は、伝えるタイミング（時・場所）などの状況を把握して伝えるべき相手が正しく理解できるように伝達し、チームで共有することが大切である。

第4章 情報を活かした練習プログラム

Section ④

1 データの活かし方

スカウティングで収集、分析したデータを日々の練習プログラムに活用していきましょう。
ここでは、データを活用した練習を組み立てていくための手順を紹介します。

1 目標値を設定する

課題を明確にする

　第1段階として、試合で収集、分析した優勝チームやライバルチームなどのデータを参考にして、自分たちが目指すべき「目標値」を設定します。練習に取り組む際にはその目標値に対しての「差」を分析し、「自分たちのチームはどこが劣っているのか？」「何が欠けているのか？」という課題を明確にすることが重要です。

　目標値に届かなかった原因や課題となる技術を抽出することで、練習方法における解決策を見出すことができます。まさに考えて強くなるのです。

　例えば、サーブ効果率もサーブレシーブ返球率も目標値に達していないならば、ゲーム練習中のサービスエースに対して2倍の得点を与え、サーブレシーブのミスに対して2倍の失点を与えるという負荷を調整した練習を行います。

　また、相手ゾーン5（p.69 図4-2 参照）にサーブレシーブ返球率の低い選手がいるとします。マットなどの目標物をゾーン5に敷き、選手全員にサーブを打たせます。ゾーン5に入れば1点、その他のゾーンに入ればマイナス1点とし、合計10点に達した選手が勝者、最低点の選手に腕立て伏せなどのペナルティを与えるという練習を行います。

中学生・高校生の目標値

　中学生、高校生のレベルでは、身体能力、運動能力よりも、ボールコントロール、ミスの少なさなどのプレーの安定性が重要です。簡単なボールを落とさず、つなぐことができれば、相手チームが崩れる可能性があるからです。

　また、乱れたレセプション（相手側のサーブを受けるレシーブ）やディグ（相手側の攻撃を受けるレシーブ）をアタッカーへ正確にセットアップできるセッターの存在は重要です。このことから基本のスキルをしっかり身につけておくことが必要です。

＜中高生の目標数値＞
＊レセプションは65％以上。
　3本中2本をセッターに返す。
＊サーブミス、アタックミス、ネットタッチ、ダブルコンタクト、レセプションミスの合計は1セット7点以内にする。
＊全体のサーブミス率は10％以内。
＊ベストアタッカーが前衛時は、サーブミス率は5％以内。

　なお、目標値の難易度が高すぎる場合は、条件を緩和するなどして調整しましょう。逆に低すぎる場合は、適切な刺激が入るように負荷を調節し、目標値を上げていきます。目標値を上げるときのポイントは、選手たちに上達していることを認知させて、喜びを増幅させることです。可能ならば、選手自身に目標値を設定させると、達成への責任感が強くなります。

競争意識をもたせる

　現時点でのチーム内の技術成績データを公表し、客観的な評価を生み出すことで競争意識を高めていきましょう。これは選手自ら課題を抽出し、自主性を引き出すのに有効です。数字は選手の力量を一目で表し説得力があるため、レギュラー選抜の判断材料にすることもできます。

　ただし、指導者が課題点を指摘しすぎると、選手の「気づき」を誘発させることができず、強制的なノルマを課してしまうことになりかねないので、注意しましょう。

2 フィードバックを行う

動作の知識

　日々の練習において選手の動作における評価や結果をしっかり把握して、情報を選手にフィードバックしましょう。フィードバックには、「動作の知識」と「結果の知識」の2つがあります。

　「動作の知識」は、ビデオカメラ等の映像を使って、自分のプレーを客観的に認識します。正しいフォームでプレーできているか、主観的イメージとすり合わせを行い、動作の結果をフィードバックします。選手が映像を通して事実をそのまま呑み込むことで、指導するスタッフとの共通認識を深めることが可能になります。課題の共通化が実現することで、ギャップを埋めることができます。

　とくに、同一動作の再現が求められるサーブやセッティングなどのクローズドスキルの習得には有効です。

結果の知識

　他方の「結果の知識」は、練習を行う際に適切な負荷を与えて、状況を正しく判断し予測で

きているかを認識し、成功したかどうかの結果をフィードバックします。とくに、その場の変化に応じて判断力が問われるレセプション、アタック、ブロックなどのオープンスキルの習得には有効です。

例えば、アタック練習でチームメイトにブロック板を持たせたり、コート内にマットなどのターゲットを置いてコースを狙えるようにするなどの負荷を与えます。

3 ペナルティを設定する

選手のプレーの評価や結果に対して、報酬やペナルティを与えると選手のモチベーションは高まります。目標を達成するためのスキルや戦術の習得の重要性を強調するために、次のような点に注意してペナルティの設定を取り入れていきましょう。

①練習前に競争の目標値、時間、回数、得点、ペナルティなどが設定・説明されている
②各練習プログラムで勝者と敗者が必ず決まるように設定する
③勝者と敗者の勝率が同じ程度になるように選手の力量を考えて戦力のバランスを整える
④特定のプレーができたら、連続してコート内でプレーできる権利を与える
⑤特定のプレーができなかったら、なるべく早く、簡潔にそのプレーを反復させる
⑥特定のプレーができなかった時のペナルティは、腕立て伏せや腹筋など建設的な課題とする
⑦屈辱的で、苦痛や危険が伴うペナルティは行わない
⑧ときには選手に報酬やペナルティを考えさせ、自主性を尊重する
⑨勝者が敗者を称えることをチーム内に徹底させる

4 心理的負荷を設定する

戦術練習を行うときは、試合を想定することが重要です。心理的な部分をより試合の状況に近づけるためには、ゲーム時は得点の設定を工夫しましょう。過去のスカウティングしたデータを基に、何％のサイドアウト率やブレイク率を超えなければ勝てないかを分析します。そのデータを基準にして得点を設定し、Aチーム、Bチームともに勝利を目指します。どのローテーションの勝率が低いのかを明確にし、チームの課題を克服しましょう。

5 戦術をデザインする

レベルがそれほど高くないチームと試合で対戦する場合は、1つの戦術で勝つ可能性は十分あります。しかし、レベルの高いチームに対しては戦術がワンパターンになってしまうと、自分たちのチームの戦術をやすやすと見破られ、なす術がなくなってしまいます。

そうならないためには、まずチームの根幹となる戦術をもち、さらに複数の戦術を理解し習得できるように練習する必要があります。そこで、スカウティングによって、自チーム、対戦チームの戦力、戦術を分析し、勝つために必要な戦術の練習をデザインしましょう。

課題①	試合時のオフェンスにおいて「S3」のローテーションでは前衛の選手しかアタックを打っていない。
練習案	ゲーム練習の場面で、1本目のレセプションアタックをバックアタックだけに限定してポイントは2点、ラリーが続いたらどのアタッカーに上げてもよいルールでポイントは1点というゲーム形式の練習を行う。

課題②	対戦チームがコミットブロック（相手のアタッカーの動作に合わせて跳ぶブロック）を多用する。
練習案	ミドルブロッカーのクイックセットを細分化し、空中でのフェイクを取り入れたクイック練習を行う。サイドアタッカーはステップフェイク（攻撃の助走前に相手のディフェンスを惑わすステップを入れる）で時間差に切り込む練習を行う。

課題③	対戦チームのオポジット（セッターの対角に入る攻撃専門のアタッカー）が、前衛では高めのセットをクロスコースにしか打たない。
練習案	レフトブロッカーはバンチシフト（ブロッカーの間隔を狭めて束のように跳ぶ）からストレートコースを空けてブロックに跳ぶことを徹底させる。クロスコースに守備のよいリベロを含む3人のディグするプレーヤーを配置させたディフェンス練習を行う。

　ここでは3つの課題とそれに応じた練習案を紹介しました。データを日々の練習プログラムに活用するイメージをもっていただくことができたでしょうか。

第4章　情報を活かした練習プログラム　67

2 基本のドリル

試合でさまざまな戦術を展開していくためには、選手個人の高い技術力が必要です。
初期段階の練習ドリルでは、各技術の基本をしっかり身につけて安定したプレーができるように意識しましょう。

1 サーブ&レセプションの基本練習

　サーブは、相手のレシーバーがセッターに返したレセプションの質によって評価されます。また、レセプションの評価も、相手のサーブコースや質が大きく関わるため、サーブとレセプションは表裏一体のプレーと言えるでしょう。そのため、サーブとレセプションの練習は同時に行っていくと効率的です。

　コート内にレシーバーを配置することで、サーバーはその時のフォーメーションやレシーバーの弱点を意識して狙っていきましょう。逆にレセプションを受けるときは、サーブの得意コース、不得意コースを意識して返球率アップを目指しましょう。

ドリル1　目標物を設置する

目的	目標意識をもたせて、集中力を養う状況でサーブを打てるようにする。
手順	ゴム紐に紙などをつけたものを両側のアンテナに結び、図4-1のようにネット上に目標物を吊り下げる。プレーヤーは目標物を狙ってサーブを打つ。
ポイント	サーブ練習は、ただ決められた回数や時間を設定して打つような練習だとプレーヤーの集中力が低下しやすい。いかに試合を想定して、よいサーブを打てるかを念頭において取り組むとよい。
目安	「10本命中して終了」といったように、命中しなければいけない目標数を設定する。

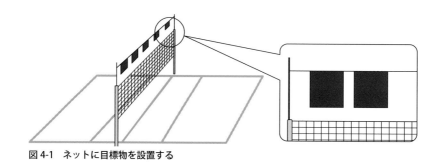

図4-1　ネットに目標物を設置する

ドリル2	ゾーンを狙う
目的	狙ったゾーンへ、サーブを確実に狙って打てるようにする。
手順	図4-2のようにコートを6分割または9分割などのゾーン分けして、目印をつける。ゾーンごとにサーブを打ち、確率を出すことでプレーヤーの得意、不得意なコースを把握する。
ポイント	サーブは、レシーバーを狙うことに注力すると、レシーバーの正面にサーブを打ってしまうことも多々ある。これを防ぐために、各ゾーンを確実に狙えるように練習を重ねるとよい。
目安	ゾーン分けは、チーム、選手のレベルに合わせて設定してよい。

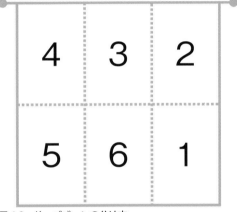
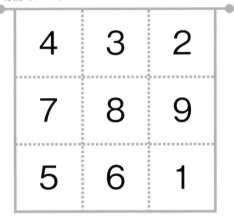

図4-2 サーブゾーンの分け方
始めは6分割でゾーンを狙い、慣れてきたらより細かい9分割のゾーンを用いて技術練習を行う。以下、本書では6分割を用いて解説する。

ドリル3　1対1のサーバー対レシーバーの練習

目的	競争意識をもたせて、サーバー、レシーバーの評価向上を図る。
手順	コートを各3mずつ、縦に3分割する。図4-3のように1人がサーブを打ち、1人がレセプションに入り、ネット際にセッターを置く。サーブは交互に打ち、Aパス（セッターの1m範囲内に返ったレセプション）が3点、Bパス（セッターがクイックを上げられるレセプション）が2点、Cパス（セッターが大幅に動いて二段攻撃になるレセプション）が1点、Dパス（アタッカーが攻撃できないレセプション。パス・ミス）は0点と点数を決めて、セッターはレセプションを評価する。終了得点に早く到達したチームが勝ちとなる(p.32参照)。
ポイント	サーブとレセプションの練習を同時に行える練習である。両方のプレーの正確性を伴わないと得点は低くなるので、サーブとレセプションの精度が求められる。
目安	15点あるいは25点などの到達得点になったら、1セット終了とする。レセプションゾーンを変えて3〜5セット繰り返して勝敗を決める。

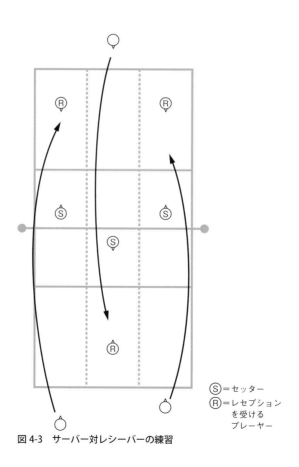

Ⓢ＝セッター
Ⓡ＝レセプションを受けるプレーヤー

図4-3　サーバー対レシーバーの練習

ドリル4	**1対1 複数対決**
目的	チームが掲げるレセプション返球率を意識し、目標クリアを目指す。
手順	サーバーは2～5人程度の複数で行い、レシーバーは1セット終わるまで1人に固定する（図4-4）。サーバーは、レシーバーに対して間隔を空けないように次々にサーブを打ち、サーブの本数をカウントしておく。セッターはレセプションの得点を数え、終了得点に早く到達した選手が勝ち。次のセットは、サーバーの1人がレセプションに入り、繰り返す。
ポイント	チームが掲げるレセプション返球率の目標数値に従って、サーブ10本中何点以上、獲得すればよいのかをあらかじめ割り出しておく。
目安	レセプション返球率80%を目標値とするなら、10本サーブ中合計得点が25点以上となったら目標クリアとする。

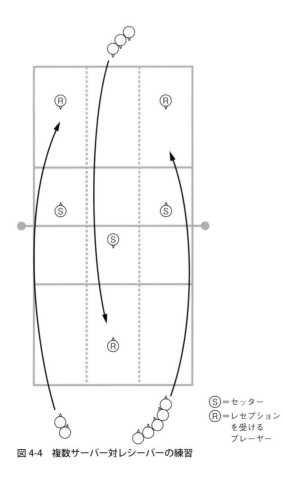

図4-4　複数サーバー対レシーバーの練習

2 セッティングの基本練習

　攻撃の戦術を司るセッターは、どこへセッティングするのかを相手ブロッカーに見抜かれないことが重要です。相手チームは、セッターのフォームやセットの傾向を分析してきますので、いつでも同じ体勢でセッティングできる技術が求められます。

　まずは、セッターの基本となるフォームをしっかり身につけ、フットワークの技術を磨いていきましょう。

ドリル5　構えを早く作る

目的	相手ブロッカーにセッティングする方向を見破られない基本のフォームを身につける。
手順	コート中央からネット際にボールを投げ、セッターは後ろから走り込んできてセッティングを行う。すばやく両手を挙上し、どの位置からセットアップを行うのかをいち早く知らせる。
ポイント	両手を肩より下から突き上げるような動作は、どちらの方向へセッティングするか、相手ブロッカーに容易に判断されてしまう。すばやく両手を挙上することで、アタッカー陣は手の位置を目標にして助走を開始することができる。こうすることで相手ブロッカーの立場からすると、セッターに両手を早くセットされると「クイックの可能性もある」と警戒しなければならなくなる。
目安	レシーブボールが頂点から落下し始めるときに、両手が肩より高い位置にあるようにする。

 正しいフォーム
ボールの位置を確認し、落下点に入ったときには、すでに両手を挙上し準備しておく。

 NGフォーム
落下地点にいるのに挙上の準備ができていない。安定したセッティングができない原因となる。

正しいセッティングフォーム

1 ボールの動きを確認しながら移動する。

2 落下地点に入りながら挙上の準備。

3 ボールを包み込むカタチを作りながら挙上する。

4 しっかり足を踏み出して構える。

5 膝を屈伸してボールを受ける準備。

6 ボールが両手の中に入るまで目を離さない。

ドリル6	ボールをとらえる位置
目的	前方、後方どちらサイドにもセッティングできるフォームを身につける。
手順	コート中央からネット際にボールを投げる。セッターは後ろから走り込んできて常に重心を通る鉛直線上でボールをとらえて前後にセッティングを行う（写真）。
ポイント	フロントにもバックにも同じフォームでトスを上げることが大切。重心の鉛直線上でボールをとらえていれば、どちらにボールを送り出すか直前までわかりにくいため、相手ブロッカーの判断を遅らせることができる。
目安	重心位置付近であるヘソとボールを結んだラインがなるべく垂直になるようにコーチや仲間にチェックしてもらう。前傾や後傾姿勢になっていないかを確認する。

ボールをとらえる正しい位置

前方、後方どちらにもセッティングできるように、重心を通る鉛直線上でボールをとらえる。

ドリル7	ネットに対して身体の角度は90°
目的	セット方向に胸または背中を向けることでフロントにもバックにも正確なセッティングを行うための基本フォームを身につける。
手順	コート中央からネット際にAパスのボールを投げる。セッターは後ろから走り込んできてゾーン4へ胸を正対させる（図4-5①）。
ポイント	Aパスをセッティングするときは、両肩を結ぶラインがネットに対して90°となるように心がける。
目安	常にゾーン4に胸、ゾーン2に背中が正対しているかを確認する。

ドリル 8　ネットから離れたセッティング

目的	ネットから離れた場所からでも正確なセッティングができるようになる。
手順	ネット際からコート中央にボールを投げ、セッターはネット際から走り込んできて、ボールを上げる方向に向かって胸または背中を正対させる。
ポイント	ネットに対して身体の角度は90°が基本だが（図4-5①）、ネットから離れた場所では難しい。その位置でも正確なセッティングを行うためには、ゾーン4かゾーン2に正対した姿勢が必要となる。原則はコート右半分に返球された時はレフトに胸を正対させ（図4-5②）、コート左半分に返球された時はライトに背中を正対させる（図4-5③）。近いサイドへは肩越しのサイドセットで対応する。
目安	ネットから離れた返球は、相手ブロッカーに見抜かれないようなセット姿勢よりも、遠いサイドに正対した姿勢が優先される。アタッカーの選択肢が1つしかないことを相手ミドルブロッカーに悟られないようにできているかを確認する。

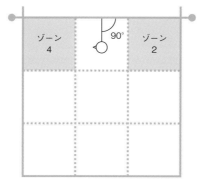

図4-5①　セッティング時のネットと身体の向き

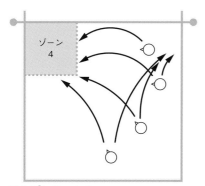

図4-5②　Face to 4

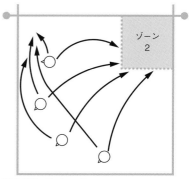

図4-5③　Back on 2

ドリル9　フットワーク〈パーフェクトパス〉

目的	セッターがどの位置からでも正確なセッティングを行うことができるフットワークを身につける。
手順	ネット際に正確に返球されたAパスから始める。ネット際で構えて、ボールの落下点を確認しながらレフトを向く。慣れてきたら、動いてセットアップする状況を作り、ボールを投げてもらう。
ポイント	ボールに対してスムーズに反応できるフットワークが重要。どんなボールに対しても常に左右のリズムでセッティングを行えるようにする。レシーブボールがくる方向からゾーン4へ正対する際、身体の回転は右足→左足の順にリズムを作る。
目安	5本1セットで休憩を入れて3セット繰り返す。

パーフェクトパスの手順

1 ネット際で膝を曲げて構える。

2 ボールの落下点を確認し、右足に重心を移す。

3 つま先をゾーン4に向けながら、左足を踏み出す。

4 右足を左足の前に踏み出してボールを重心の真上でとらえる。

ドリル10	**フットワーク**〈ネットから2歩離れてセッティング〉

目的	レシーブボールがネット際まで届かないときに、移動し正確なセッティングを行うことができるフットワークを身につける。
手順	構えの姿勢はパーフェクトパスと同じ。そこから左足をネットから離れる方向に踏み出しながら身体の向きをレフトに変え、右足をレフト方向に踏み出し、ゾーン4と正対する。
ポイント	ネットから2歩程度の移動なので、ネットの肩の角度は90°を維持する。ボールから目を離さず、リズムは左、右と刻む。
目安	5本1セットで休憩を入れて3セット繰り返す。

ネットから2歩離れてセッティング

1 ネット際で膝を曲げて構える。

2 ボールがくる方向へ左足を踏み出す(1歩目)。

3 ボールの落下地点を確認して、両手を高く構える。

4 サイドラインに正対。ネットと肩が90°になるように右足を踏み出す。

第4章 情報を活かした練習プログラム

ドリル 11　フットワーク〈ネットから4歩離れてセッティング〉

目的	レシーブボールがアタックラインより後方にきたときに、移動し正確なセッティングを行うことができるフットワークを身につける。
手順	構えの姿勢から、4歩のステップでボールに向かって移動する。まず、左足、右足とネットから離れるように踏み出す。3歩目の左足を踏み出しつつ体勢をレフトに向けて、4歩目の右足を踏み出す。
ポイント	ボールから目を離さず、リズムは左、右、左、右と刻む。身体の向きを変える際に、左足を軸足にして安定した姿勢を保つ。
目安	5本1セットで休憩を入れて3セット繰り返す。

ネットから4歩離れてセッティング

1 ボールがくる方向へ左足を踏み出す（1歩目）。

2 身体を回転させながら右足を踏み出す（2歩目）。

3 ボールの落下点に左足をおく（3歩目）。

4 右足をゾーン4方向に踏み出してFace to 4でセッティング（4歩目）。

※左コートからセッティングする場合は、ゾーン2に背中を向ける（p.75　Back on 2を参照）

ドリル 12　フットワーク〈後ろへ３歩下がってセッティング〉

目的	レシーブボールが大きく、頭上を越えそうなときに、移動し正確なセッティングを行うことができるフットワークを身につける。
手順	構えの姿勢から、３歩でステップバックしてボールに向かって移動する。まず、左足をライト方向に踏み出す。次に右足をクロス、さらに左足をライト方向へ踏み出しつつ体勢をレフトへ向ける。
ポイント	後ろへ下がるときもボールから目線を離さず、リズムは左、右、左と刻む。
目安	５本１セットで休憩を入れて３セット繰り返す。

後ろへ３歩下がってセッティング

1 ボールがくる方向（ゾーン２）へ左足を踏み出す（１歩目）。

2 右足をクロスしながらボールの位置を確認する（２歩目）。

3 ボールの落下点を確認して左足を後ろに踏み出す（３歩目）。

4 ゾーン４に身体を正対させるFace to 4でセッティング。

※左コートからセッティングする場合は、ゾーン２に背中を向ける（p.75　Back on 2を参照）。

ドリル13	**フットワーク**〈2歩移動して回転しながらセッティング〉

目的	レシーブボールが直線的に速く返ったときに、移動し正確なセッティングを迅速に行うことができるフットワークを身につける。
手順	構えの姿勢から、2歩移動して身体を回転させながらセッティングする。まず、1歩目の左足をネットから離れる方向へ踏み出す。2歩目の右足をクロスさせて踵から接地し軸とする。身体をゾーン4に回転させてセッティングする。
ポイント	両足でセットできないタイミングのため、すばやくボールの下にもぐり込む。リズムは左、右と刻む。
目安	5本1セットで休憩を入れて3セット繰り返す。

2歩移動して回転しながらセッティング

1 ボールがくる方向へ左足を踏み出す（1歩目）。

2 ボールを確認しながら右足をクロスさせて踵から接地する（2歩目）。

3 右足を軸にして身体をゾーン4へ回転させる。

4 つま先と胸をゾーン4に正対して右足1本でセッティング。

※左コートからセッティングする場合は、ゾーン2に背中を向ける（p.75　Back on 2 を参照）。

ドリル14	フットワーク〈4歩移動して回転しながらセッティング〉
目的	ドリル13 よりもレシーブボールがさらに遠く、直線的に速く返ったときに、移動し正確なセッティングを行うことができるフットワークを身につける。
手順	構えの姿勢から、左足、右足、左足、右足とネットから離れていく。最後の右足を軸に回転、レフト方向へ身体を回転させてセッティングする。
ポイント	腰を上下させず、常に一定の体勢で移動し、すばやくボールの下にもぐり込む。リズムは左、右、左、右と刻む。
目安	5本1セットで休憩を入れて3セット繰り返す。

4歩移動して回転しながらセッティング

1 ボールがくる方向へ左足を踏み出す（1歩目）。

2 ボールを確認しながら右足を踏み出す（2歩目）。

3 落下点を確認しながら左足を踏み出す（3歩目）。

4 右足をクロスさせてボールをとらえる（4歩目）。

5 ゾーン4方向に身体を向けて右足1本でセッティング。

※左コートからセッティングする場合は、ゾーン2に背中を向ける（p.75　Back on 2を参照）。

ドリル15	フットワーク〈ネットから離れて両足ジャンプ〉
目的	ボールがコート後方に返った際、セットアップ位置とアタッカーの打点の高低差を少なくするときに用いるフットワークを身につける。
手順	構えの姿勢から、ネットから離れるように、左足、右足、左足と踏み出す。左足でレフト方向へ身体を向け、右足を踏み出しジャンプしながらセッティング。
ポイント	垂直にジャンプし、身体が斜めになって流れないようにする。リズムは左、右、左、右と刻む。
目安	5本1セットで休憩を入れて3セット繰り返す。

ネットから離れて両足ジャンプ

1 ボールがくる方向へ左足を踏み出す（1歩目）。

2 身体を回転させながら右足を踏み出す（2歩目）。

3 ボールの落下点へ左足をおく（3歩目）。

4 右足をゾーン4方向へ踏み出してFace to 4を作る（4歩目）。

5 垂直にジャンプして高い位置でボールをとらえる。

6 腰をまっすぐにし、全身を使ってセッティング。

ドリル 16	**フットワーク**〈ネットから離れて右片足ジャンプ〉

目的	ボールがコート後方に直線的に速く返った際、両足セッティングでは間に合わないときに用いるフットワークを身につける。
手順	構えの姿勢から、左足、右足、左足、右足と踏み出し、右足を出してその足を軸にしてレフト方向へ回転し、右足でジャンプしながらセッティング。ジャンプの反動を活かし全身を使ってボールを送り出す。
ポイント	最初は遠くにボールを送ることよりもタイミングを身につける。ネットから離れても高い位置からセットすることにより、アタッカーとのタイミングは合わせやすくなる。
目安	5本1セットで休憩を入れて3セット繰り返す。

ネットから離れて右片足ジャンプ

1 ボールがくる方向へ左足を踏み出す（1歩目）。

2 身体を回転させながら右足を踏み出す（2歩目）。

3 ボールの落下点へ左足を踏み出す（3歩目）。

4 右足をクロスさせてジャンプの準備。

5 右足を軸にして身体を回転させる（Face to 4）。

6 左膝を引き上げ、右足を伸ばすようにジャンプ。

7 ボールを高い位置でしっかりとらえる。

8 腰をまっすぐにし、全身を使ってセッティング。

ドリル17　フットワーク〈ネットに向かって左片足ジャンプ〉

目的	セッターが後衛にいてコート後方からネット際へ移動するとき（ペネトレーション時）、両足セッティングができないときに用いるフットワークを身につける。
手順	ネットから離れたところに構え、バックコートからネット際へ移動し、ラスト2ステップを右、左と踏む。左足でジャンプしながらセッティング。
ポイント	ボールの真下に入ってセットできないときでも、高い位置でのセッティングを意識するとよい。
目安	5本1セットで休憩を入れて3セット繰り返す。

ネットに向かって左片足ジャンプ

1 ネット方向へ右足を踏み出す。

2 落下点を確認しながら早めに左足で踏み切る。

3 右膝を引き上げるようにして左足1本でジャンプ。

4 タッチネットをしない位置でボールをとらえる。

第4章　情報を活かした練習プログラム

3 セッターの基本練習

　基本の動作を理解し習得できたら、実戦を想定したセッティング、フットワークを身につけるための練習を積み重ねていきましょう。さまざまなレセプションに対応できるようなスピーディーな動きと、相手のブロッカーを欺くための引き出しを多くもつことを心がけましょう。

ドリル18　フェイク〈膝の屈伸〉

目的	ブロッカーは、レセプションやセッターの位置、アタッカーの動きなどあらゆる状況からセッティングを予想してブロックを準備する。セッターがセッティングの前に動作を1つ入れることで、相手ブロッカーの準備を遅らせることができる。膝を屈伸してセッティングすることでセッターから遠い場所へセッティングを行うように見せかけるときに用いるフェイクを身につける。
手順	コート中央からネット際にボールを投げ、セッターは膝の屈伸を使ってセッティング体勢に入る。両手を下から突き上げてサイドへのオープンセット（コートのレフト側に上げるセット）を上げるように見せかけて、実際はクイックセットを上げる。
ポイント	ボールを送り出す方向に身体をしっかり正対させた状態で膝を屈伸する。身体の軸がぶれてしまうと、ボールもぶれてしまうので注意。
目安	フェイクを入れた姿勢で10本中8本以上（成功率80％以上）、クイック攻撃をミスなく相手コートに返球できるようになったら試合で用いてよい。

膝の屈伸を使ったフェイク

1 両手をレフトに向け、膝の屈伸開始。

2 深く屈伸してボールをとらえる。

3 ギリギリまで額に引きつけてクイックセットを上げる。

ドリル19　フェイク〈身体の傾け〉

目的	セッティングの体勢でフェイクをかける技術を身につける。
手順	コート中央からネット際にボールを投げ、セッターは後ろから走り込んできて、身体を極端に前傾させた姿勢からライト側にトスを上げる(写真・上)。または、後傾させた姿勢からレフト側にトスを上げる(写真・下)。
ポイント	セッターは身体の向きを相手ブロッカーに強調するようにして行うと効果的なフェイクとなる。
目安	鉛直線上でボールをとらえた時と比較して、トスボールがぶれることのないよう10本中8本以上(成功率80%以上)の成功率を目安にして正確なトスを心がける。

前傾させた姿勢からライトへセッティング

1 できるだけ前方でボールをとらえる。

2 その状態からライト側へセッティング。

後傾させた姿勢からレフトへセッティング

1 ライト側に身体が傾くような姿勢でボールをとらえる。

2 その状態からレフト側へセッティング。

ドリル 20　フェイク〈身体の向き〉

目的	胸や背中の向きと異なる方向へセッティングして相手ブロッカーを欺くときに用いるフェイクを身につける。
手順	ネット際からコート中央にボールを投げ、セッターはネット際から走り込んでレシーブ返球位置が右コートであればFace to 4、左コートであればBack on 2の姿勢から右肩越しにセットアップを行う。遠い距離へのサイドは胸または背中を正対させてトスボールのブレを少なくする。
ポイント	ボールの下にすばやく入る。フェイクモーションは、動作の基本がしっかりできていないと、正確なセットを供給できずに自滅してしまうので注意が必要。
目安	遠いセッティングが確実にできてから取り組む。得点力のあるアタッカーが近いサイドにいる場合は、無理にフェイク動作は用いない。

身体の向きを活かしたフェイク

1 ボールがくる方向へ足を踏み出す。

2 落下地点を確認しながら挙上する。

3 ライト側へバックセットを上げる体勢を作る。

4 同じ体勢を保ったまま、レフト側へセッティング。

※返球位置が左コートであれば、Back to 2の姿勢から右肩越しにレフトへセットアップする。

ドリル21　フェイク〈視覚や聴覚で欺く〉

目的	アタッカーへ視線やコールを送り、その反対サイドにセッティングを行うときに用いるフェイクを身につける。
手順	コート中央からネット際にボールを投げる。セッターは後ろから走り込んできてセッティングするサイドの反対サイドを一瞬見て配球する振りをしてから、セッティングする。
ポイント	ブロッカーの視覚を活用してフェイクをかける。それと同様に、聴覚も活用できる。レフトに上げるときに「ライト!」とコールしながらセッティングすると、聴覚で情報を読み取ったブロッカーはコールした方向に上がってくると予測を立てる。結果的にブロッカーの準備を遅らすことができる。
目安	セッティングする方向を目視しなくても10本中8本以上（80%以上）、トスボールがぶれることなく正確に上げられるようにする。

視覚や聴覚であざむくセッティング

1 落下地点を確認しながら挙上の準備。

2 挙上しながらライト側に視線を向けたり、「ライト!」とコールする。

3 すぐに正面を向けてセットアップの準備。

4 ボールをとらえて視線やコールとは逆方向にセッティング。

ドリル 22 オーディブル練習

目的	声によるトレーニングで、瞬時の判断で正確なセッティングとボディポジションを身につける。
手順	セッターに向かってボールを投げる人は、セッティングする場所を「レフト!」「ライト!」など2ヵ所に限定する（図4-6）。投げるタイミングと同時に、セッターにどこにセットを上げるかをコーチがコールする。セッターはその指示どおりにセッティングする。
ポイント	図4-7のようにセッティングする位置や方向を増やし、コールするタイミングも遅くしていく。時々、わざとコールしないでセッターにボールをキャッチさせることも有効。ボールキャッチした時の姿勢が、ブロッカーに癖を見抜かれやすくなってないかどうかを確認する。
目安	コールするタイミングの限界はボールに触れる50cm手前（白帯が目安）。コールを聞くまで、どこにでもセッティングを上げられる準備をする。

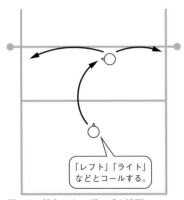

図4-6　基本のオーディブル練習

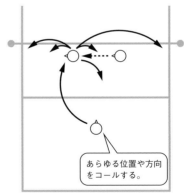

図4-7　オーディブル練習の応用

ドリル23　相手コートを見る練習

目的	相手ブロッカーの位置を確認して逆方向へのセッティングを身につける。
手順	図4-8①のように相手コートからチャンスボールを投げ入れ、レシーバーがセッターにボールを返球する。このときボールを投げ入れた人は、片手の指で好きな数字を出す。セッターは、移動中にその数字を確認してコールしてからセッターポジションにつく。
ポイント	数字を出す際には、左右や高さを変えて変化をつける。さらに難度を上げたいときは、両手を使って数字を出し、セッターは2つの数字をコールしてからセットアップに入る。また、セッターがセットアップする直前に、ボールを投げ入れる人はブロッカーとして左右どちらかに移動。セッターは、相手コートにいるブロッカー（通常はミドルブロッカー）を周辺視野に入れて、移動した逆サイドにセットアップする（図4-8②）。
目安	数字を出すタイミングを徐々に遅くしていく。セッターの手の中にボールが入る3秒前、2秒前でトスが上げられるようになったら1秒前にし、最終的に0.5秒前でコールして正確なセッティングができるようにする。

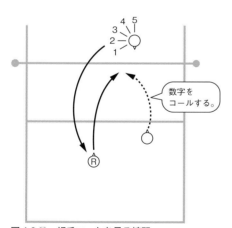

図4-8①　相手コートを見る練習

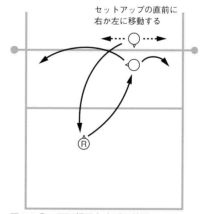

図4-8②　周辺視野を広げる練習

4 ブロックの基本練習

ブロックは、配置された位置からブロックジャンプを行う位置へ移動して、複数のブロッカーと揃って相手スパイカーの攻撃を阻むためのプレーです。ブロッカー同士が動きを合わせるために、ステップワークが重要となります。

ドリル24　ブロックステップワーク〈サイド・ステップ〉

目的	さまざまな攻撃パターンに対応していくためには、それぞれの特長を活かした基本のブロックステップを身につける。サイド・ステップは短い距離の移動に適しているステップである。
手順	進行方向側の足からスタートし、逆足を引きつけて跳ぶ（図4-9）。
ポイント	ブロックの高さを追求しないときや身体をネットに正対させるタイミングを優先するときに用いる。
目安	サイドブロッカーが1m程度の移動をしてブロックするときに用いる。最初は個人で行い、慣れてきたら2人から3人で間隔を空けずにタイミングを合わせて練習する。

ドリル25　ブロックステップワーク〈クロス・オーバー〉

目的	サイド・ステップ同様、基本のブロックステップを身につける。クロス・オーバーは短い距離を速く移動し、ブロックの高さを出したいときに適しているステップである。
手順	進行方向側ではない足を身体の前でクロスさせ、進行方向側の足を外側に添える（図4-10）。
ポイント	踏み切るときにつま先がネットに正対するように踏み切る。
目安	主にサイドブロッカーが1.5～2m程度、アンテナ方向に移動してブロックするときに用いる。

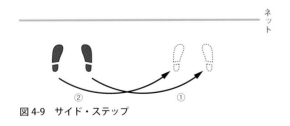

図4-9　サイド・ステップ

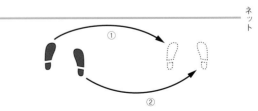

図4-10　クロス・オーバー

ドリル 26　ブロックステップワーク〈ステップ・クロス・オーバー〉

目的	長い距離を移動し、ネット上で手を出す早さや高さを追求したいときに用いるステップを身につける。
手順	進行方向側の足を踏み出してから、クロス・オーバーを行う（図4-11）。
ポイント	1歩目のステップをなるべく大きくし、2歩目3歩目はつま先がネットに正対するように踏み切る。
目安	主にミドルブロッカーが両サイドへ2〜3.5m程度、移動するときに用いる。

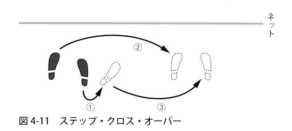

図4-11　ステップ・クロス・オーバー

ドリル 27　ブロックステップワーク〈シャッフル・クロス・オーバー〉

目的	最も長い距離を速く移動し、ネット上で手を出す高さも追求したいときに用いるステップを身につける。
手順	サイド・ステップとクロス・オーバーをミックスしたブロックステップを行う（図4-12）。
ポイント	横方向への勢いがつくので、身体が流れないように踏み切り地点と着地点を極力一致させる。
目安	主に逆サイドのブロッカーが3.5〜5m程度移動して3枚ブロックに参加するときに用いる。

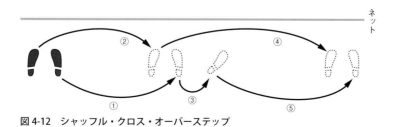

図4-12　シャッフル・クロス・オーバーステップ

3 負荷をかけたドリル

基本のドリルを習得したら、少しずつ練習に負荷をかけ難度を上げていくことが上達のコツになります。オフェンス、ディフェンスと場面を分け、さらに個人、チームという流れで段階を踏んで負荷を乗り越えていきましょう。

1 個人のオフェンス力を高めるドリル

　バレーボールの試合の中で最も勝敗と密着しているのが、オフェンスの核となるアタックです。アタッカーは、相手ブロッカーがネット際で待ち受ける中で、ブロックをかいくぐって攻撃を決めていかなければなりません。

　ときにはレセプションやブロックを行った後、すぐに攻撃体勢に入ることもあります。アタッカーは、さまざまな障害を乗り越えて決定率を高めるためには、練習時から普通にアタックを打つのではなく、負荷をかけていくことが大切です。

ドリル1　助走アプローチを変えてアタック

目的	試合中はブロックやレシーブをした後、コートの外側から内側へ走る通常の助走がとれない場合があるので、コート内から外側に向かって助走しアタックを打つ練習を行う。
手順	レフト、センター、ライトの各ゾーンにおいて、ループアプローチやフェイクアプローチなど多様な方向から助走してアタックを打てるように練習する（図4-13）。
ポイント	いろいろな助走方向から体軸をぶらさずに体重が乗ったアタックを打つことが理想である。
目安	まずコート外側のループアプローチを練習し、マスターできたらコート内側からのフェイクアプローチを練習する。

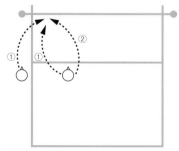

図4-13　助走の例
（①ループアプローチ、②フェイクアプローチ）

ドリル2　助走距離を変えてアタック

目的	試合中は、十分な助走がとれない場面も少なくない。十分な助走がとれない場合を想定して、通常の練習では、助走の方向や距離を変えた練習を行う。
手順	スタンディング、1歩、2歩程度の助走からコースを打ち分けたり、強いアタックが打てるようにタイミングを図る練習を行う（図4-14）。
ポイント	十分な助走がとれないと、空中で身体のバランスを崩してタイミングを計れない、ボールに体重が乗らない、コースを打ち分けられないなどの理由から攻撃力が低下する。十分に助走がとれない場面も想定しておくことが大切である。
目安	通常の助走は3歩だが、2歩でもバランスを崩さずアタックを打てるように練習する。2歩をマスターできたら、1歩助走、さらにはスタンディングで打てるように少しずつ歩数を短くしていく。

ドリル3　ブロックに対応したアタック

目的	ゲームでブロックがつかない場面はない。アタックを打つときに、1～3枚のブロック状態を見極め、アタックを打つ練習を行う。
手順	アタック練習に必ずブロックをつける。あらかじめ「ブロックの横を抜く」「ブロックの間を抜く」「ブロックアウトを取る」など決定方法を決めておき、実践できるように取り組む（図4-15）。
ポイント	アタックの打ち分けは、ボールのセットポイントを上下左右にずらし各種スイングを身につける。
目安	まず遅いテンポで行い、徐々に速いテンポへ移行したり、ブロックの枚数を増やして難易度を上げる。

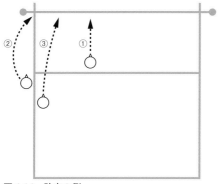

図4-14　助走の例
（①2歩助走、②3歩助走、③4歩助走）

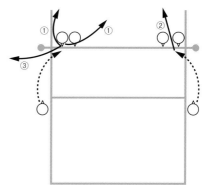

図4-15　攻撃の例
（①ブロックの横を抜く、②ブロックの間を抜く、③ブロックアウトを取る）

2 チームのオフェンス力を高めるドリル

　実際の試合では、アタッカーはアタック単体のプレーだけではなく、レシーブの準備やカバーリングの対応を行ってから、アタック体勢に入ります。そういった一連の流れの動きを意識して、レシーブやブロックを行った後にアタック練習を行っていきます。

　チーム練習では、さまざまな場面を想定して負荷をかけ、その中でコンビネーション攻撃を展開できるように練習していきましょう。

ドリル4　フリーボールからのアタック

目的	セッターとアタッカーがラリー中にそれぞれの位置とタイミングを確認し、コンビネーションを作る練習を行う。単純なパスをセッターに返球して、そこからコンビネーションを展開する。
手順	反対側のコートからボールを投げ入れる。レシーバーがレシーブに入り、セッターにパスを返す。複数のアタッカーが助走に入り、セッターはアタッカーのタイミングを計ってセットアップし、攻撃を仕掛ける（図4-16）。
ポイント	セッターはできるだけハンズアップを早くしてアタッカーにボールの出どころを見せる。パスは、セッターやアタッカーがコントロールしやすいよう、直線的ではなく山なりにする。
目安	75%以上の得点率を目指す。難易度を上げていくには、セッターへのパスの返球角度をレフト、センター、ライトと変えていく。セッターは視野が広がり、より実践的となる。

ドリル5　パスの位置を変化させて複数でのアタック

目的	パスがセッターに返らなかった場合を想定した練習を行う。簡単なパスではなく、わざとセッターを移動させるパスを返球し、そこからコンビネーションを展開する。
手順	反対側のコートからボールを投げ入れる。レシーバーがレシーブに入り、セッターにパスを返す。アタッカーは、セッターが移動した状況に合わせてタイミングを計って攻撃を仕掛ける。場合によってはサインを変更するなど臨機応変な対応が求められる（図4-17）。
ポイント	リベロなどのセッター以外の選手がセットアップする場合も考えられる。そのときは、誰がセットアップに入るか、瞬時に判断できる能力を身につけておくとよい。
目安	アタックエリア内のパスはセッターがセットアップし、アタックラインを越えた後ろのボールはリベロがセットアップする。ネットから離れても80%以上の確率で相手コートに返球できるコンビネーションを探っていく。 成功率が低くミスが出るようなら、オープンスパイクなどサインを変更する。

ドリル6	**レセプションからのアタック**
目的	サイドアウト局面であるレセプションアタックを展開する練習を行う。
手順	セッターをネット際に固定し、反対側のコートからサーブを打つ。パスをする役とアタックを打つ役を配置し、最初は1人のアタッカーでレセプションアタックを行う。慣れてきたら、アタッカーを2～3人配置したり、移動攻撃を行ったり高度なコンビネーションを作っていく（図4-18）。
ポイント	より難易度を高めるには、サーブを打つエリアをその都度変えていく。セッターはとくに難易度が高くなるゾーン1やゾーン2からの返球もマスターできるように意識する。
目安	サイドアタッカーはバックコートの左右2分の1のエリアでレセプション後にアタックする。また、ミドルブロッカーはアタックエリアのボールをレセプション後にアタックできるようにする。

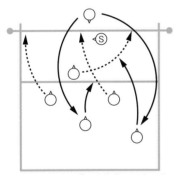

図4-16　フリーボールからのアタックの例

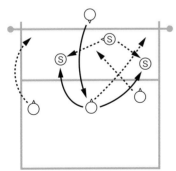

図4-17　コンビネーションアタックの例

相手チームをまどわす複雑なコンビネーションを組むには、アタッカーが助走を交差したり、セッターの背後に回り込んで打つコンビネーションを展開していく。セッターはアタッカーの動きや助走のリズムを確認し、アタッカーはセットの位置を把握し、タイミングを合わすように意識する。

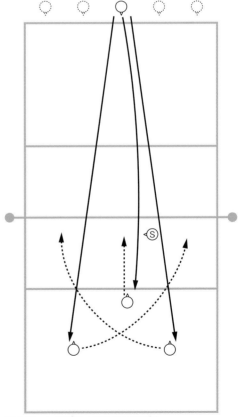

図4-18　レセプションアタックの例

ドリル7	ローテーションごとのレセプションアタック
目的	ローテーションごとにレセプションからアタックを展開する練習を行う。
手順	リベロを含めた6人がコートに入り、反対側のコートからサーブを打つ。サーブを打つエリアを変えるだけではなく、いろいろなサーブに対応し、レセプションアタックを展開できるようにする（図4-19）。次に、相手コートにも6人のプレーヤーを配置し、実践的な場面を作る。
ポイント	各選手のポジショニングの範囲を確認しておくこと。レセプションした選手がアタックを打ちにいく場合は、連携が大切になってくる。レセプションが崩れたときを想定し、誰がセットを上げるのか、どんな攻撃を仕掛けるのか、あらかじめいくつかのパターンを決めておく必要がある。
目安	Aパスの状況だけではなく、乱れたパス状況からのアタックを意識する。競技レベルにもよるが、Aパスで70%以上、Bパスで50%以上、Cパスで30%以上など、アタック決定率の目標値を設定して練習する。

ドリル8	ディフェンスからのトランジションアタック
目的	相手の攻撃をディグした後のトランジションアタックを展開する練習を行う。
手順	相手コートからレフト、センター、ライトの各ポジションから攻撃を受け、ブロックまたはディグの体勢からスムーズに攻撃体勢へと切り替えるのがポイントになる。自チームのブロックの人数は、1人から3人と変化させて設定していく（図4-20）。
ポイント	ブロックに跳んだプレーヤーは、ただちにネットから離れてアタックアプローチの準備をする。セッターが後衛で自分に相手アタックの打球がこないときは、ディグボールの方向を見極めてすばやくネット際に移動する。セッターがセットアップできない場合は、リベロやミドルブロッカーなど誰がセットアップするか優先順位を決めておくとよい。
目安	アタックの総数に対してレセプションアタックは55%、トランジションアタックは45%である。つまり、いつもよいパス状況のアタック以外の、乱れたパス状況でのアタックの優劣が勝敗を決しているのである。 トランジションアタックでは、すべてのアタッカーが速いテンポで攻撃するのは困難である。チーム全体でアタッカーの能力を引き出し、質の高いスイングができるような状況を作ってあげることが重要である。

ドリル9　セッターがファーストタッチしたときのトランジションアタック

目的	セッターが相手アタックをディグなどでファーストタッチし、セットアップを行えない状況を想定した練習を行う。
手順	セカンドセッターとなるリベロや、前衛のミドルブロッカーがセットアップに入り、そこからコンビネーション攻撃を展開する（図4-21）。
ポイント	セカンドセッターがセットアップに入れない状況もあるので、その他の選手からの2段セットによるコンビネーションも練習しておくとよい。
目安	リベロは、ジャンプセットを用いるなどして全体の60％はオーバーハンドでセットすることを目標とする。セッター以外のアタッカーは、オーバーハンドセットを限りなく100％に近づける。

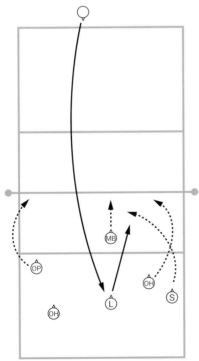

図4-19　S1レセプションアタックの例
Ⓢ＝セッター
Ⓛ＝リベロ
㉄＝アウトサイドヒッター
㎆＝ミドルブロッカー
㍿＝オポジット

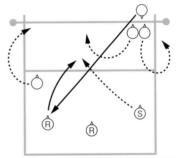

図4-20　トランジションアタックの例①
Ⓢ＝セッター
Ⓡ＝レシーブをするプレーヤー

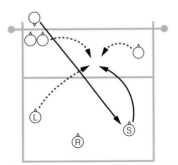

図4-21　トランジションアタックの例②
Ⓢ＝セッター
Ⓡ＝レシーブをするプレーヤー
Ⓛ＝リベロ

3 相手の守備隊形に対して有効な攻撃ドリル

ここでは、相手チームのディフェンスの戦術（守備隊形）に対して有効なオフェンスの戦術とその練習方法を紹介していきます。

ドリル10　スプレッド攻撃を身につける

目的	スプレッド攻撃は、コートの幅を広く使ってアタッカー対ブロッカーが1対1の状況を作る攻撃（図4-22）。相手チームがバンチリードブロックを多用してくる場合は、相手ブロックを外側に分散させるためにスプレッド攻撃が有効である。
手順	図4-23のように両サイドのアンテナの50cm～1m内側にもう1本ずつアンテナを立てる。アンテナとアンテナの間は、ブロックに跳んではいけないというルールで試合を行う。
ポイント	アタッカーは、打点からのコース幅をしっかり視野に入れて打つことが大切。セッターはトスボールの軌跡がアンテナ際で沈まないように気をつける。
目安	サイドへのセットのテンポが速くなればなるほど、アタッカーはクロス方向にコースが限定されるチームが多い。相手チームにディフェンスコースを絞らせないように、ライン（ストレートコース）にも最高打点で打てるよう練習する。

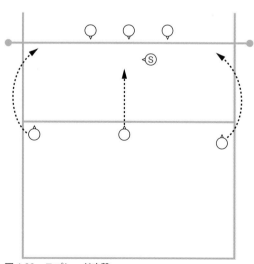

図4-22　スプレッド攻撃

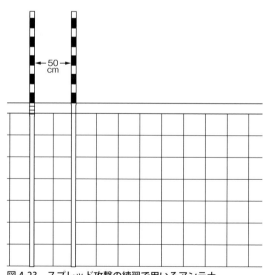

図4-23　スプレッド攻撃の練習で用いるアンテナ

ドリル11　オーバーロード攻撃を身につける

目的	オーバーロード攻撃は、特定のアタッカーを活かそうとする攻撃の戦術のひとつ。 図4-24のようにレフトアタッカーを活かすために、他の2人のアタッカーをライト側で踏み込ませれば、フロントする（目の前に移動する）相手のミドルブロッカーをライト側に引きつけることができる。 相手ブロッカーが片側に専念するデディケートブロックの配置をしている時も、ブロックの反対サイドで攻撃すると有効である。
手順	レフト攻撃を活かすには、ミドルブロッカーがAクイックやCクイックに入るパターン（図4-24）、ライト攻撃を活かすためにはミドルブロッカーがBクイックに入るパターン（図4-25）を活用する。相手チームがレフト側に専念するデディケートブロックを仕掛けてくる時は、相手ブロッカーが追いつけないような速いライトバックアタックが有効となる。ライトのオーバーロードを実践するには、ライトのアンテナ側から2mの範囲でアンテナを設置し（図4-26）、このエリアから速いライトバックアタックの練習を行う。
ポイント	ブロッカーを引きつけようとするアタッカー陣の決定力が低いと、相手チームにパターンを見抜かれてしまう。いつトスが上がってきても打てるようにおとりになるアタッカーも全力で踏み込む。
目安	相手ミドルブロッカーがベースポジションから50cm以上フロントしてクイックに対して移動しているときに有効。50cm以内でミドルブロッカーがステイしているときは有効ではないので、後衛の選手がミドルブロッカーの位置を確認しながら攻撃を仕掛けられるようにする。

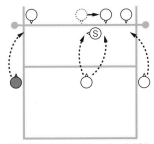

図4-24　レフトアタッカーを活かすオーバーロード攻撃

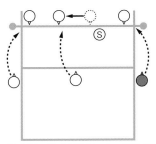

図4-25　ライトアタッカーを活かすオーバーロード攻撃

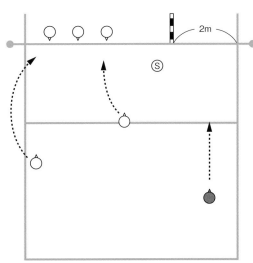

図4-26　オーバーロード攻撃の練習

ドリル12	**コンボ攻撃を身につける**
目的	クイックを打つ選手と時間差を打つ選手が近い位置でテンポの異なる攻撃を組み合わせて、相手ブロッカーがジャンプするタイミングを狂わそうとするコンボ攻撃の練習を行う。相手チームのミドルブロッカーが頻繁にコミットブロックを仕掛けてくるチームに対して有効である。
手順	図4-27のように助走の段階で、クイックを打つ選手と時間差を打つ選手が交差する。アタッカーは相手ブロッカーのマークを振り切らなければならないため、クイックのセットの種類の距離や上げる位置を細分化（図4-28）させ、打ち切れるようにする。
ポイント	移動しながら打つクイック攻撃は、踏み切った位置から空中で移動してボールに飛びつくように打つ。図4-29①から④のような空中で移動するエアフェイクを身につけるとよい。
目安	クイックを打つ選手は、相手のブロッカーがコミットブロックを仕掛けているか確認する。どのアタッカーをマークしているかを判断し、コミットブロックを仕掛けているようであれば、時間差で絡むアタッカーを選択する。

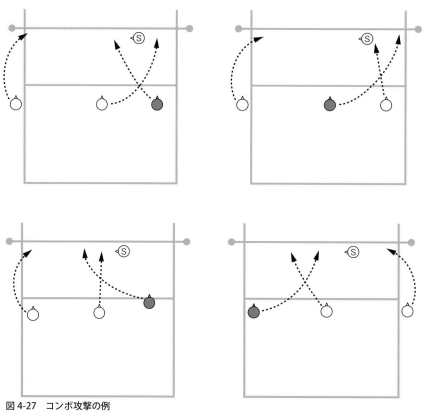

図4-27　コンボ攻撃の例
●＝時間差で攻撃するアタッカー

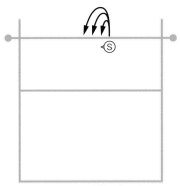

図4-28　クイックの種類の細分化

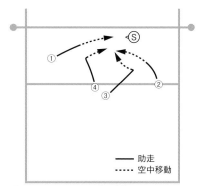

― 助走
‑‑‑ 空中移動

図4-29　エアフェイクの例

ドリル13　フェイクアプローチを身につける

目的	時間差等の攻撃を悟られないように、すばやいステップの踏み替え（図4-30）によって相手ブロッカーを振る練習を行う。
手順	相手ブロッカーは、サイドアタッカーの動きを視野でとらえていて、アタッカーが助走時にステップを踏み替えると、ブロッカーのポジショニングを遅らせることができる。フェイクステップを踏む瞬間は、セッターに身体を向けずネットに正対するか逆方向に身体を向ける。
ポイント	アタッカーは最初の一歩でフェイクをかけた後、ラストツーステップですばやく助走に切り込めるように意識する。時間差を打つアタッカーは、クイックと交差しないと見せかけてからステップを踏み替える練習を取り入れるとよい。ラストツーステップのタイミングとスピードが重要となる。
目安	ラストツーステップの状況でも、スリーステップと比較して90%以上の高さの打点を確保できていれば有効。フェイクを入れた状態で打点が低くならないように注意する。

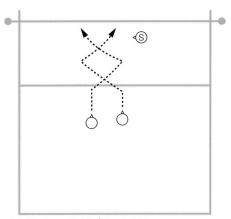

セッターの手にパスボールが入る前に助走を開始し、セッターの手にボールが入った瞬間に逆ステップを踏んで攻撃する。フェイクをかける瞬間にボールから目を離し、相手ブロッカーと目を合わせると騙しやすい。

図4-30　フェイクアプローチの例

4 バックアタックの練習

　セッターは、相手ブロッカーの守備を分散させるためにバックアタックを取り入れていくことも１つの選択肢といえるでしょう。アタッカー全員が、フロントアタックとバックアタックのメリット・デメリット（図4-31）を理解して練習に取り組むことが重要になります。

　この中でも、とくにバックアタックは「力のソース」部分にある「前方へのブロードジャンプ（攻撃の踏み切りの際に空中で移動するようなジャンプ）と上半身のひねり」に着目し、バックアタック特有の踏み切りを身につけることが先決です。バックアタックの踏み切りは左足でストップをかける必要がないため、両足がほぼ平行になります。バックアタックの動きを意識して試合を想定したペッパー（1対1で向き合ってパスとアタックを交互に行うレシーブ練習）やバックアタックゲームを行っていきましょう。

		フロントアタック	バックアタック
動作の特徴	力のソース	体幹の後傾からの上半身の前屈	前方へのブロードジャンプと上半身のひねり
	視点	ボールを上にとらえる	ボールを前にとらえる
	肩の運動	肩の運動が大きい（肩の筋力が必要）	肩の運動は小さい
	スイング速度	比較的小さい	比較的大きい
	打点	ネットに近い	ネットから遠い
メリット		・ブロックの状態が悪ければコースが広い ・肩の筋力を有効に使える ・体軸が垂直になりやすい ・打球がネットを通過するまでの時間が短い	・ブロックの状況を確認しやすい ・ブロックが揃っていてもコースが広い ・肩の運動が少なく、負担が小さい ・筋力が比較的小さくても強打を打ちやすい
デメリット		・肩への負担が大きく故障の原因となりうる ・ブロックが揃っているとコースが狭まる ・片足着地になりやすい	・高さを出すためには左肩（右利きの場合）が下がり、体軸が斜めになりやすい ・ブロードジャンプができない選手には向かない ・高いトスに向かない ・少しのミートミスで大きくコースがそれる ・打球がネットを通過するまでの時間が長い ・打球を打ち下ろすのが困難

図4-31　フロントアタックとバックアタックのメリット・デメリット

ドリル 14　2 対 2 バックアタックペッパー

目的	バックアタック時のボールコントロールの向上を目的にした練習を行う。
手順	コートを縦に 2 分割し、セッターはセットを上げたらレセプションの位置に移動。アタッカーはアタックを打ったらセッターの位置に移動して交互に行う(図 4-32)。
ポイント	アタッカーは、狙ったところにバックアタックを打てるかを常に意識することが大切。
目安	10 点先取の 1 ゲームで交代する。

ドリル 15　3 対 3 バックアタックの練習

目的	ブロックに跳ばないダウンボールの状況でのディフェンス能力とバックアタック＆セットの練習を行う。
手順	コートにはセッターを置かずに 3 人入る。ファーストボールをとらなかった選手のどちらかが自動的にセッターとなる。他の 2 人はバックアタックの助走に入る(図 4-33)。
ポイント	バックで構える 3 人は、どの位置にファーストパスを上げればセッティングしやすいかを確認する。
目安	2 分間で交代し、点数を競うゲーム形式で行う。ファーストタッチを直接トスにすると難易度が上がる。

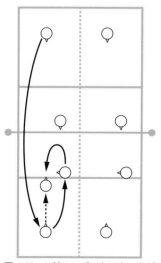

図 4-32　2 対 2 のバックアタックゲーム

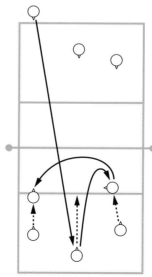

図 4-33　3 対 3 のバックアタックゲーム

ディフェンスの際は 1 本目や 2 本目で返球されることも考慮し、必ずフロントコートのボールも拾えるように準備してから後方に下がる。

ドリル16　4対4バックアタックの練習

目的	3対3を発展させて、セッターを1人置いた4対4のバックアタックの練習（図4-34）を行う。セッターを配置することで、アタッカーはバリエーションあるバックアタックを打てるようにする。
手順	ドリル15 「3対3バックアタックの練習」の要領で、セッターは必ずブロックに跳ぶ。
ポイント	セッターはブロック状況を見て、セットの高低を考えてコンビネーションの中でバックアタックのセットを上げられるようにする。もしラリーが続かなければ、コートのサイズを小さくしてもよい。
目安	15点先取の1ゲーム、または5分間のゲームを行い、得点を争う。

ドリル17　5対5バックアタックの練習

目的	ネット際にセッターとミドルブロッカー、後衛に3人を配置した5対5のバックアタックの練習（図4-35）を行う。セッターは同じセット体勢から4人のアタッカーへセッティングする。
手順	セッターは、クイックとバックアタック、どちらかの攻撃を選択する。ブロックは、セッターとミドルブロッカーの2枚で跳ぶ。
ポイント	バックアタックもコンビネーションの一種であることを意識する。クイックとバックアタックの時間差攻撃のコンビネーションもこの練習で身につけるとよい。
目安	最初は3分間で交代し、慣れてきたら点数を競うゲーム形式で行う。ブロッカーはどのような跳び方をするのかを後衛にサインで知らせる。クイックとバックアタックが重ならないように注意する。

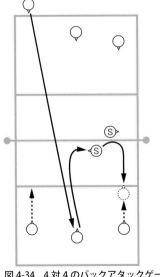

図4-34　4対4のバックアタックゲーム

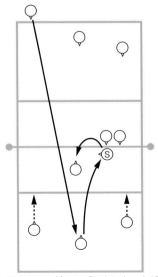

図4-35　5対5のバックアタックゲーム

ドリル18　高速バックアタックをマスターする

目的	相手ブロッカーがスプレッドで配置しクイックにフロントする（相手のクイック攻撃の助走の場所に応じてブロッカーが移動する）傾向が多いチームに対しては、クイック攻撃から離れた場所で高速のパイプ攻撃を展開すれば決定率は高くなる。
手順	［レフトからのビック］　クイックを打つ選手がAまたはCクイックに入り、バックアタックを打つ選手はレフト寄りで打つ（図4-35）。 ［ライトからのビック］　クイックを打つ選手がBクイックに入り、バックアタックを打つ選手はライト寄りで打つ（図4-37）。
ポイント	クイックを打つ選手は事前にどのクイックに入るかを知らせず、バックアタックはクイックの入り方を見て、バックアタックの種類を瞬時に決定する。
目安	アタッカーは、セッターの手にボールが入った瞬間にラストツーステップの一歩前を踏んで跳ぶ。

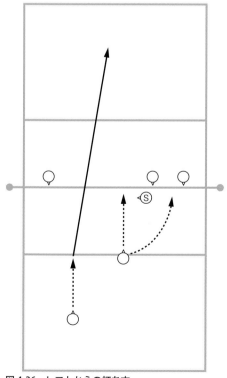

図4-36　レフトからの打ち方

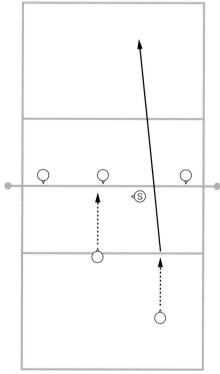

図4-37　ライトからの打ち方

5 ディフェンス力を高める練習

　ディフェンスは、相手チームのオフェンスの状況、ボールの動きとともにその都度、対応しなければなりません。ときには相手のレシーブボールが直接返ってくる場面もあれば、相手の攻撃を絞れずブロックが1枚しかつけない状況もあります。つまり、ディフェンスフォーメーションは画一的なものではなく、相手のオフェンスに応じたブロックとレシーブ（ディグ）するプレーヤーの位置取りや動きの方向、守備範囲といった約束事を明確にすることが大切です。

　図4-38のように相手チームの戦術を意識してブロッカーとレシーバー（ディグするプレーヤー）の戦術展開を決定し、練習に取り組みましょう。

■ブロッカーの戦術展開

オフェンス側の状況	ブロッカーの確認事項と行動	戦術決定過程
サーブ前	アタッカー数、クイッカー、バックアタック、相手の表情や態度、相手ベンチの指示内容を情報収集	配置： バンチ、スプレッド、デディケート、リリース、フロント、ステイ
サーブ時	ベースポジションへの移動開始	
サーブボール飛来	ベースポジションへの移動完了	
レセプション時	ボールの行方と相手アタッカーの移動を確認	
レシーブボール飛来	レシーブボールを確認し、ダイレクト返球に備える	
アタッカー移動	相手の攻撃の選択肢を予測 相手アタッカーの絡み方や攻撃パターンを予測	
セッターセットアップ	相手アタッカーを周辺視野に入れながら、セッターのフォーム（体勢、膝、肘、手首の曲がり具合、ツーアタックなど）を確認	
トスボール飛来	セッティング状況（場所、高低、離れ具合、速さ）を読み、攻撃位置へ移動してブロックジャンプ	反応：リード、コミット 移動：シャッフル、クロスなど
アタック	アタッカーの状況（助走方向、身体の向き、タイミング、打点、スイングコース、視点）を確認して腕を出す	腕の出し方：キル、ソフト
アタックボール飛来	アタックボールの行方を確認してカバーリングに備える	着地

■レシーバーの戦術展開

オフェンス側の状況	レシーバーの確認事項と行動	戦術決定過程
サーブ前	ポジショナルフォルトとベースポジションへの素早い移動を考慮したポジショニング	ベースポジション： マンアップあるいはマンダウン （p.118～121 参照）
サーブ時	ベースポジションへの移動開始	
サーブボール飛来	ベースポジションへの移動完了	
レセプション時	ボールの行方とアタッカーの移動を確認	
レシーブボール飛来	レシーブボールを確認し、ダイレクト返球に備える	
アタッカー移動	相手の攻撃の選択肢を予測 アタッカーの絡み方や攻撃パターンを予測	
セッターセットアップ	相手セッターのツーアタックに備える	
トスボール飛来	相手のセッティングに反応し、それぞれの担当守備範囲に移動	ポジションの展開
アタック	相手アタッカーがどのような攻撃をしようとしているかを予測	レディポジション
アタックボール飛来	他のプレーヤーと連携を図り、攻撃の強弱、長短、遅速、コースの幅、高さ等を考慮してボールに反応する	反応と行動： シャッフル、ラン、ダイブなど

図4-38　ブロッカーとレシーバーの戦術展開

ドリル19　ブロックの反応〈コミットブロック〉

目的	アタッカーの動きに合わせて反応する練習を行う。クイックをシャットアウトする目的では最も効果がある。
手順	マークするアタッカーの動きに集中し、アタックと同じタイミングでジャンプ。 クイックアタッカーの踏み込み位置に合わせて、ジャンプ前に移動を完了させておく。
ポイント	アタッカーがスイングする前に手を出す。攻撃の読みが外れるとセットに振られる危険性がある。
目安	まずアタッカーの正面で同じタイミングでジャンプできるように意識する。 次の段階として、ギリギリまで動かずに相手セッターの手の中にボールが入った瞬間、ブロックジャンプするという動きを身につけられるようにする。

コミットブロックの手順

1 アタッカーの動きを目で追う。

2 アタッカーの助走に合わせてジャンプの準備。

3 アタッカーのジャンプのタイミングを図る。

4 アタッカーのスイングをよく見る。

5 アタッカーの攻撃コースに入る。

6 ボールを包み込むように手をしっかり前に出す。

ドリル20　ブロックの反応〈リードブロック〉

目的	相手チームのセットや状況を確認して反応するブロックの練習を行う。セッターのセッティングを見てから反応するブロックのため、セッターに振られることがないのが利点。
手順	ブロッカー同士のステップを揃えてすばやく移動することを心がける。相手のオフェンスの戦術に合わせたブロックの動きを習得し、プレッシャーをかけていく。
ポイント	セッティングを読むのではなく、セットを見てから反応し、いち早くブロックを完成させることが大切。
目安	シャットアウト（ブロックを成功させること）ばかりに目を向けずに、ワンタッチやレシーバー（ディグするプレーヤー）を助けることができたかを意識する。

リードブロックの手順

1 バンチの隊形から相手のセッティングを目で追う。

2 ボールから目を離し、アタッカーを注視して移動を開始。

3 サイドブロッカーはクロス・オーバー、ミドルブロッカーはステップ・クロス・オーバーで移動。

4 ミドルは身体を回転させ、無駄な動きがないようにジャンプの準備。

5 身体が流れないようにアタッカーの攻撃コースに入る。

6 アタックのスイングを見ながら手をしっかり前に出す。

ドリル 21	クイックに対してのコミットブロックの練習
目的	クイック攻撃に対してのコミットブロックの基本動作を身につける。
手順	オフェンス側は、センター付近に台を置く。台上から自らセットを上げて、アタッカーの正面に向かってアタックを打つ。ブロッカーはセットアップと同時にタイミングを計ってジャンプしてブロックする。身長の低い者は膝の屈伸を使うが、高い者はできるだけ使わないようにする。
ポイント	ブロッカーはどんな攻撃に対しても、ボールを包み込むような意識でコースを読んでしっかり腕を伸ばす。
目安	事前に打つコースを決めて10本中7本以上(70%以上)、ブロックが成功するようになったら、次の段階としてコーチが直前にコースを打ち分けて70%以上の成功率を目指す。

コミットブロックの練習の手順

1 ボールを打つ人の正面で構える。

2 ボールを打つタイミングを見計らう。

3 スイングのタイミングに合わせてジャンプの準備。

4 両腕を伸ばしながらジャンプの体勢へ。

5 アタッカーのスイングを見ながら攻撃コースをふさぐ。

6 アタッカーがボールをヒットする前にボールに触れる意識で手を出す。

ドリル22　デディケートシフトでのブロック練習

目的	ブロックシフトを片方に寄せるシフトであるデディケートブロックの練習を行う。相手チームの攻撃がどちらのサイドに偏り、特定のアタッカーに限定されているときに有効なブロック。
手順	相手コートにフリーボールから攻撃させ、自チームはデディケートブロックでディフェンスを行う。なお、前衛、後衛のバランスを保つため、ブロッカーの意図をレシーバーに伝えておく。
ポイント	ネット際にブロッカーが均等に配置されていない状況では、ディフェンスフォーメーションやその後のトランジションに混乱が起こりかねないので、相手チームの特徴を想定して行うことが大切。
目安	ブロッカー3人の幅が2.5m以内になるように密集させる。3m以上空かないように注意する。

デディケートシフトでのブロック練習

1 ブロッカーはライト寄りで構え、後衛は前衛のポジションを確認する。

2 セッティングの方向を注意深くうかがう。

3 セッティングの方向に向かって3人で移動開始。

4 アタッカーに視線を移し、助走に合わせて踏み込む。

5 ブロッカーのステップを揃えて、タイミングを合わせて踏み切る。

6 離地点と着地点がズレないようにまっすぐジャンプして手を前に出す。

ドリル 23　スプレッド・リードブロックの練習

目的	サイドブロッカーの間隔を広げて配置するシフトであるスプレッドブロックの練習を行う。相手のサイドアタッカーの決定力がある場合や、サイドからのテンポの早い攻撃に有効。スプレッドシフトからのリードブロックの動きを身につける。
手順	オフェンスとディフェンスを配置し、ブロッカーは間隔を空けてブロックポジションに立つ。オフェンス側はセッターにパスを入れ、セッターは台上のアタッカーにランダムにセットを上げる。アタッカーはストレート、クロスコートと打ち分け、慣れてきたらコースを変えて打つ。ブロッカーはボールの動きを目で追い、セットの上がった方向を確認してからリードブロックを行う。
ポイント	両サイドの攻撃に対して、サイドブロッカーはクロス・オーバーを用い、ミドルブロッカーはステップ・クロス・オーバーでタイミングをとって移動するとスムーズに跳ぶことができる。
目安	サイドブロッカーは両側のアンテナから50cm以上の幅を空けないということを目安に位置どりを行う。

スプレッド・リードブロックの練習

1 3人のブロッカーは間隔を広げて構え、後衛は前衛のポジションを確認する。

2 セッティングの方向を注意深くうかがう。

3 ミドルはステップ・クロス・オーバーで移動開始。

4 サイドがスプレッドなので、ミドルは間隔を空けないように歩幅を大きく。

5 台上のアタッカーのスイングを注視して踏み切る。

6 ブロックに跳ばないブロッカーはディグを行うため、ネットから離れる。

ドリル 24	**バンチ・リードブロックの練習**
目的	相手の中央からのクイックやバックアタック攻撃に対して効果的なシフトであるバンチブロックの練習を行う。コート中央付近に3人のブロッカーが束のように集まってプレッシャーをかける。
手順	オフェンスとディフェンスを配置し、ブロッカーはネット中央でブロックポジションに立つ。オフェンス側はセッターにパスを入れ、セッターは左右中央の台上に立つアタッカーにランダムにセットを上げ、アタッカーはアタックを打つ。ブロッカーはボールの動きを目で追い、セットの上がった方向を確認してからリードブロックを行う。慣れてきたらトランジションアタックの練習まで発展させる。
ポイント	最初は中央からの攻撃に対して3枚ブロックを練習する(写真)。慣れてきたらサイドへのセットを速くして2枚でブロックを跳ぶ(写真・右頁上)。センターからのクイックへは、ミドルブロッカーだけでなくサイドブロッカーもヘルプで跳びにいく(写真・右頁下)。センター攻撃への3枚ブロック時は、3人のブロッカーはサイド・ステップを用いるとよい。
目安	守備側がブロックポイントで2点、攻撃側がトランジションアタックを決めたら1点とし、攻守合計で10点になるまで行う。

中央からの攻撃に対してのバンチ・リードブロックの練習

1 3人のブロッカーは間隔を狭めて構える。

2-1 アタックのテンポが速い場合は、その場からの斜め跳びを用いる。

2-2 アタックのテンポが遅い場合は、アタッカーの前にサイドステップで移動。

3 アタックのスイングを見ながら手をしっかり前に出す。

サイドからの攻撃に対してのバンチ・リードブロックの練習

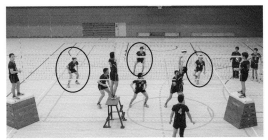

1 レシーバー（ディグする選手）は、クロスが少なくストレートが多くなることを意識する。

2 トスボールを確認して、アタッカーに視線を移しすばやく移動。

3 台上のアタッカーのスイングをよく見てジャンプの準備。

4 ブロックに跳ばないブロッカーはレシーブ（ディグ）を行うため、ネットから離れる。

クイック攻撃に対してのバンチ・リードブロックの練習

1 レシーバー（ディグする選手）はAクイック時とBクイック時でどこにボールがくるかを意識する。

2 クイックアタッカーの動きに合わせて、構えの位置からジャンプの準備。

3 Aクイックならミドルとレフト、Bクイックならミドルとライトが跳ぶ。

4 ブロックに跳ばないブロッカーはできるかぎりネットから離れる。

ドリル25　ブロッキングシャドー

目的	ブロック後すぐにブロックの準備に入り、連携して反応を身につける。
手順	オフェンスとディフェンスを配置し、ブロッカーはネット中央の位置でブロックポジションに立つ。オフェンス側はセッターにパスを入れ、セッターは左右中央の台上に立つアタッカーにランダムにセットを上げる。ブロッカーはセットの上がった方向を確認してコールしながら2人でブロックに跳ぶ。セットが上がったアタッカーはそのボールをパスでコーチに戻し、コーチは連続してパスをセッターに入れる。ブロッカーはただちにネット中央に戻り、次のセットに備える。
ポイント	コーチがネットから離れたCパスをセッターに入れたら、ブロッカーは3枚ブロックで対応する。
目安	正しいステップワークで10回繰り返したら、次のグループと交代する。

ブロッキングシャドーの練習

1 両手を上げてネット際で構える。

2 セッターのセッティングの方向をうかがう。

3 セットがレフトに上がったら移動を開始。

4 台上のアタッカーの動きに合わせてブロックジャンプの準備。

5 手をしっかり前に出すように心がける。

6 アタッカーはボールを打たずに、中央の人間にボールを戻す。

7 ブロックジャンプ後、ブロッカーはすぐに中央へ戻る。

8 ブロッカーは再び次のセッティングをうかがう。

9 センター線（クイッカー）へのセッティングも選択肢に入れておく。

10 サイドブロッカーも含めてすばやく反応できるようにする。

6 ディグのシステム化ドリル

ディグのフォーメーションは、相手のオフェンスや自チームのブロックの状況をよく見極めて判断することが大切です。また、ディグした後、自チームの攻撃に有用であるフォーメーションを組んでいけるようにシステムを覚えて練習に取り組みましょう。

ドリル 26　マン・アップフォーメーション

目的	両サイドの遅い攻撃が中心で、速攻が少ないチームと対戦するときに適用できるシステムの練習を行う。常にブロックの後ろにフェイントカバーの専門のレシーバー（ディグするプレーヤー）を配置する。通常はセッターとセッター対角の選手が、ブロックの後ろのフェイントとワンタッチボールのカバーに専念する。
手順	レフト攻撃に対して、バックセンターはブロックの後ろのフェイントとワンタッチボールをカバー（図4-39）。フロントレフトは下がってボールとアタッカーの手を結ぶライン上に入る。バックレフトはセンターブロッカーの左肩とアタッカーの手を結ぶライン上に入る。バックライトはライトブロッカーの右肩とアタッカーの手を結ぶライン上にポジショニングする。 ライトからの攻撃に対しては反転したフォーメーション。
ポイント	セッターがネット付近でプレーするため、ラリーが続いた時の攻撃につなげやすい。レフトの攻撃に対してミドルブロッカーが遅れた場合、キルブロック（手を前に出す）を仕掛けてしまうと、バックセンターが至近距離でディグをしなければならないため適さない。ブロッカー陣はソフトブロック（手をネットの上に出す）でワンタッチを取るようにして、レシーバー（ディグするプレーヤー）を助けるとよい。
目安	ブロッカーは、ブロック着地後に一歩を踏み出してシングルハンドでとれる範囲は守備に入る。その範囲を越えたボールは、マン・アップのバックセンターの選手が拾う。

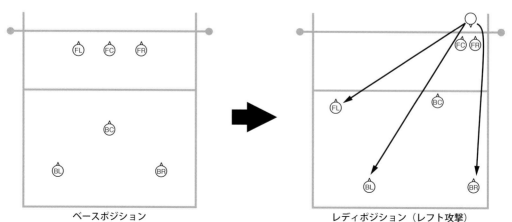

図4-39　相手のレフト攻撃に対してのマン・アップフォーメーション

ドリル 27　マン・ダウンフォーメーション

目的	フェイントカバー専門のレシーバーを置かず、レシーバーはエンドラインやサイドラインの周辺に位置して強打ディグ（強打に対するレシーブ）に重点を置くシステムの練習を行う。フェイントやブロックアウトになるボールには、ダイビングなどのディグテクニックで対応する。
手順	レフト攻撃に対して、バックライトはライトブロッカーの右肩とアタッカーの手を結ぶライン上の強打ディグとブロックの上を越えるフェイントをカバーする。フロントレフトは下がってボールとアタッカーの手を結ぶライン上の強打ディグと、ブロックの内側を抜けてくるフェイントをカバーする。バックレフトはセンターブロッカーの左肩とアタッカーの手を結ぶライン上に入る。バックセンターはセンターブロッカーとライトブロッカーのつなぎ目に入り、ワンタッチボールをカバーする。
ポイント	レフトの攻撃に対してミドルブロッカーが遅れた場合、センターブロッカーがキルブロックを行うなら、ライトブロッカーとの距離を空けてその間を抜けたボールはバックセンターがディグする。ソフトブロックをするなら、バックセンターにワンタッチボールを意識させる（図4-40）。
目安	ブロッカーは、ブロック着地後に一歩を踏み出してシングルハンドでとれる範囲は守備に入る。バックプレーヤーは自分の身体を倒して手を伸ばして届く範囲は守備に入る。

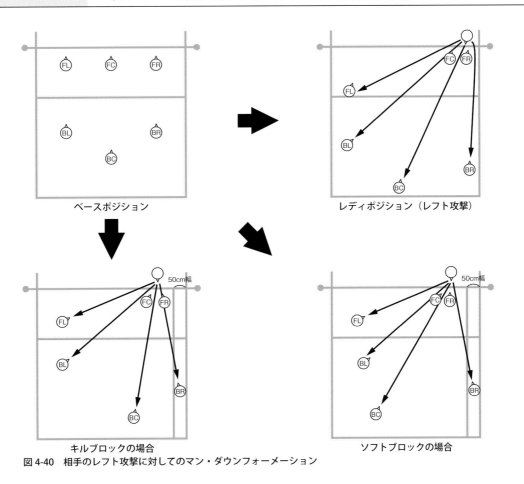

図4-40　相手のレフト攻撃に対してのマン・ダウンフォーメーション

ドリル 28	**マン・ダウンフォーメーションの応用**〈ボックスフォーメーション〉
目的	自チームのストレートブロッカーが高いときや、ブロッカーがストレートコースを中心に閉めるフォーメーションの練習を行う。4人のレシーバー（ディグするプレーヤー）が四角形を作って移動するため、「ボックスフォーメーション」と名付けられた。
手順	レフト攻撃に対して、バックライトはブロックの上を越えるフェイントに対応し前に出る。フロントレフトは下がってボールとアタッカーの手を結ぶライン上のディグと、ブロックの内側を抜けてくるフェイントカバーに入る。バックレフトはセンターブロッカーの左肩とアタッカーの手を結ぶライン上に入る。バックセンターはストレートコースにきたボールをディグする。
ポイント	状況に応じてフェイントボールとワンタッチボールを拾うレシーバーをフロントレフトやバックレフト等、変化させていくのが特長。レフトの攻撃に対してセンターブロッカーが遅れた場合、センターブロッカーがキルブロックを行うなら、ライトブロッカーとの距離を空けてその間を抜けたボールはバックレフトがディグする。ソフトブロックを行うなら、バックレフトにワンタッチボールを意識させる（図4-41）。
目安	相手の攻撃のストレートコースは、80％以上抜けてこない基準を常に保つ。

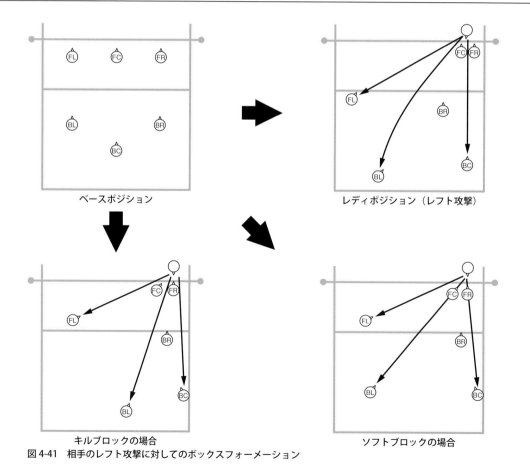

図4-41　相手のレフト攻撃に対してのボックスフォーメーション

ドリル29	**マン・ダウンフォーメーションの応用**〈スライドフォーメーション〉
目的	ブロックに跳ばない前衛の選手がフェイントボールに責任をもつシステムであるスライドフォーメーションの練習を行う。ブロッカーがストレートコースを開けるときやクロスコースを閉めるとき、相手チームのセットがネットから離れたとき、クイックが多いとき、センターブロッカーが高いとき、相手セッターのセットがアンテナまで伸びないとき、デディケートブロックや3枚ブロックを試みたときなど、ネットから下がっての強打ディグが困難なときに有効。
手順	レフト攻撃に対して、フロントレフトはブロックの後ろに入り、フェイントをカバー。バックレフトはボールとアタッカーの手を結ぶライン上に入る。バックセンターはセンターブロッカーの左肩とアタッカーの手を結ぶライン上に入る。バックライトはライトブロッカーの右肩とアタッカーの手を結ぶライン上にポジショニングする。
ポイント	レフトの攻撃に対してセンターブロッカーが遅れた場合、センターブロッカーがキルブロックを行うなら、ライトブロッカーとのギャップを空けて間をバックセンターがディグする。ソフトブロックを行うなら、バックセンターにワンタッチボールを意識させる（図4-42）。
目安	相手の攻撃のうちクロスコースへの攻撃は80%以上抜けてこない基準を常に保つ。

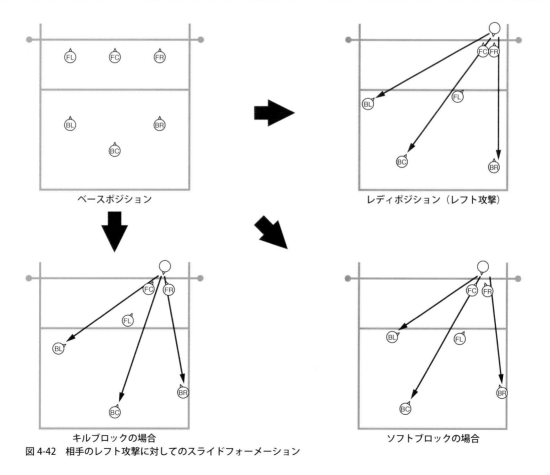

図4-42　相手のレフト攻撃に対してのスライドフォーメーション

7 複合ドリル

バレーボールはネットをはさんでボールが行き来する競技です。コートにボールが入ってくれば、すぐさまオフェンス、ディフェンスを切り替えなければいけません。オフェンスとディフェンスの複合練習では、攻守の切り替えを意識して取り組みましょう。

ドリル30　クイックに限定したサーブ vs. レセプション

目的	サーブ側はレシーバーの隊形からサーブの狙い目を判断してサーブを打つ。レシーブ側は常にクイックを仕掛ける意識で攻撃のコンビネーションを作る。これらの狙いを意識した練習を行う。
手順	コートにレシーバー3人、セッター1人、ミドルブロッカー1人が入り、サーブ側は、相手チームがクイック攻撃を使えないように考えてサーブを打つ（図4-43）。レセプション側は、レシーバー3人とミドルブロッカーでクイックを仕掛けるために作戦を練り、フォーメーションを組む。
ポイント	サーブの本数、コース、セッティングの記録をつけて結果をフィードバックする。
目安	［第1段階］　プレーが終わるごとにサーバーになぜそこを狙ったのか、レシーバーにはどのような意図でフォーメーションを組んだのかといった意図を確認する。 ［第2段階］　サーブを3本連続で打ってから意図を確認する。意図したことがうまくいったか、どのようなシナリオでサーブを打ったかを振り返る。お互いの意図を読み合いながら、戦術的要素を高めているかを確認する。 ［第3段階］　5本サーブを打ち終わってから「何本目のサーブの意図は？」と質問する。選手はプレーの良し悪しを確認する。

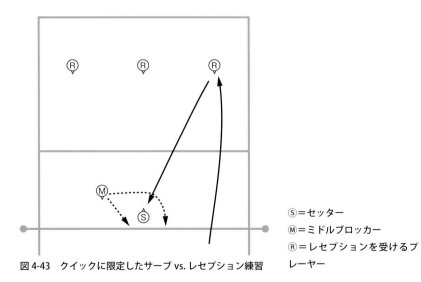

図4-43　クイックに限定したサーブ vs. レセプション練習

Ⓢ＝セッター
Ⓜ＝ミドルブロッカー
Ⓡ＝レセプションを受けるプレーヤー

ドリル 31	**リバウンドボールからの攻撃練習**

目的	アタッカーが攻撃する際にブロックにつかれてしまったとき、とっさの判断でボールをブロックに当てて自コートにボールが返ってくるように仕向けることをリバウンドと言う。そのリバウンドボールを確実にパスして、アタックを繰り返す練習を行う。
手順	相手コートからボールを入れてもらい、フリーボールをセッターに返す（図4-44①）。セッターはセットアップを行い、アタッカーは攻撃体勢に入る（図4-44②）。アタッカーは相手にブロックマークされていることを仮定して、自コートにボールを返し、近くにいる選手がパスする（図4-44③）。アタッカーは再び攻撃体勢に入り、リバウンドボールを繰り返す（図4-44④）。
ポイント	レシーバーは、アタッカーの手の向きを注視し、ボールがどの方向にくるか予測してレシーブに入る。実戦では、相手ブロッカーの手の向きも瞬間的に視野に入れられるように意識する。
目安	1回あたり5本のリバウンドボールを続ける。

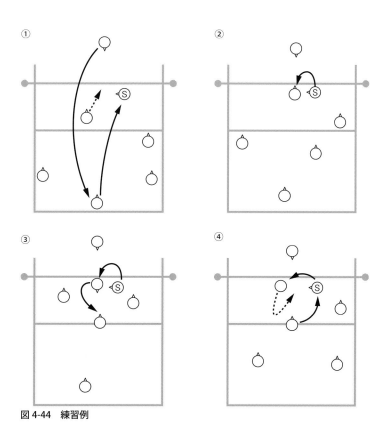

図4-44　練習例

ドリル32　ダイレクトボール

目的	相手コートから返ってきたダイレクトボールの処理を身につける。
手順	ネット際にブロッカー3人を並べ、相手コートからダイレクトボールをブロッカーのいるコートに入れる。ブロッカー3人だけでダイレクトスパイク（図4-45①）、2段攻撃（図4-45②）を仕掛ける。
ポイント	時間に余裕があるダイレクトボールは、パス、セットから攻撃（3段攻撃）を展開する（図4-45③）。ダイレクトボールの質を見極めて戦術を組み立てていく。
目安	相手コートにいるコーチは、ダイレクトスパイク、2段攻撃、3段攻撃など、さまざまな状況を想定してボールを入れる。3人のブロッカーで5本のアタックが決まるまで行う。

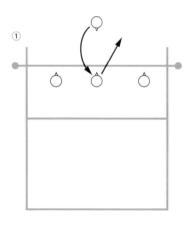

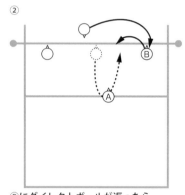

Ⓑにダイレクトボールが返ったら、
Ⓑはクイックのセットを上げ、
Ⓐはクイックスパイクを打つ。

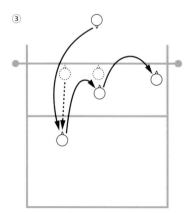

図4-45　練習例

ドリル33	**ディグ後の攻撃**
目的	セッターがブロックに跳び、アタッカーがディグに入ったフォーメーションからの攻撃をスムーズに仕掛けられるよう練習を行う。
手順	セッターがブロックに跳び、相手レフトからのイージーアタックに対して、アタッカーがディグに入る。セッターはブロックに跳んだ後、すばやくセッティングを行う（図4-46）。
ポイント	ディフェンス側はブロックの枚数を変え、オフェンス側のレベルに合ったフォーメーションを組む。ライトの選手が練習するときは、レフトに別のブロッカーを置き、セッターをバックに入れて行う（図4-47）。
目安	1回あたり2、3本のアタックが決定するまで行う。

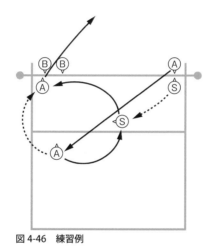

図4-46　練習例

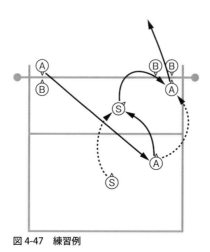

図4-47　練習例

ドリル34　ブロック後のリターンとアプローチの練習

目的	アタッカーはブロック後、助走開始位置にリターンしてスムーズにアタックにアプローチする練習を行う。
手順	相手ライトからのイージーアタックに対して、アタッカーがブロックに跳ぶ。セッターは、レシーバーが上げたディグに対してレフトへセッティングする（図4-48）。
ポイント	アタッカーは常にしっかりブロックを行うことを心がける。着地したらすぐにリターンして助走に入り、セッターを視野に入れて攻撃体勢に入る。
目安	ディフェンス側はブロックの枚数を変え、オフェンス側のレベルに合ったフォーメーションを組む。ミドルブロッカーがブロックに跳んだ後、すぐに攻撃体勢に入れるように習慣づける。

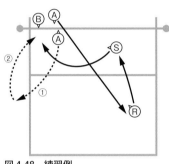

①＝リターンステップ
②＝アタックアプローチ

スパイクジャンプの着地から振り向き、どの位置でアプローチするかの判断、構えを正確に行う。

図4-48　練習例

ドリル35　フェイントカバーのトランジション攻撃練習

目的	相手のフェイント攻撃を確実にディグし、トランジション攻撃につなげる練習を行う。
手順	相手コートのネット際に台を置き、セカンドテンポの攻撃でフェイントを落とす（図4-49 ①）。ブロッカーはスライドシステム（ブロックに跳ばない前衛の選手がカバーに入る）からディグ、トランジションアタックに移行する（図4-49 ②）。
ポイント	フェイントをディグするプレーヤーは、十分に助走がとれる高さでセッターに返球し、リターンステップをしてアタックに移行する。
目安	3人のフロントアタッカーが1回あたり5本のアタックを仕掛けられるまで行う。

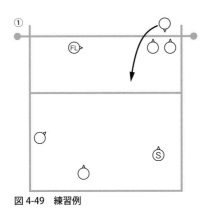
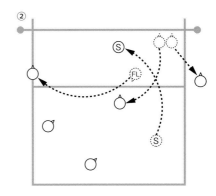

図4-49 練習例

ドリル 36	セッター Face to 2 コンビ練習
目的	セッターが逆向きでセッティングに入る練習を行う。
手順	セッターはポジション4でブロックを跳び、ディグが上がったらセッティングに入る（図4-50）。前衛のアタッカー2人はすぐに助走に入り、コンビネーション攻撃を展開する。
ポイント	セッターがブロックに跳ぶ際、ポジション2からポジション4にスイッチしたときは、セッターが逆向きでのトランジションアタックをしなければならない。セッターは Face to 2 でセッティングに入ってもしっかりセッティングできるフォームと技術を身につける。
目安	1ローテーションあたり5本のアタックを仕掛けられるまで行う。

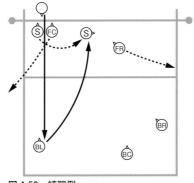

図4-50 練習例

第4章 情報を活かした練習プログラム | 127

ドリル37　セッターがポジションスイッチした時の攻撃

目的	セッター以外のプレーヤーが、スムーズにセッティングする練習を行う。
手順	セッターがポジション4でディグを上げたらセッター以外のプレーヤーがセッティングに入り、トランジションアタックを展開する（図4-51①）。通常はリベロがセカンドセッターの役割をするが、リベロがコート上にいないときは誰がセッティングするかを決めておく。トランジションアタックでは、フロントアタッカーはライト側が多くなるので、バックアタッカーはレフト側から仕掛ける（図4-51②）。
ポイント	相手レフトからの攻撃に対して低身ブロッカーのセッターをポジション4にスイッチしたのに伴い、セッターのディグポジション（通常はS1）をS5にスイッチした場面を想定してディフェンス練習を行う。誰がセッティングを行っても、精度の高い攻撃を仕掛けられるように意識する。
目安	セッター以外のプレーヤーがセッティングを行う場合でも、常に3人以上のアタッカーを確保することを目標とする。

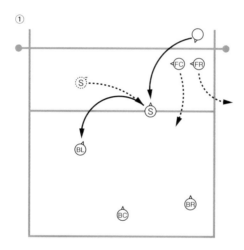

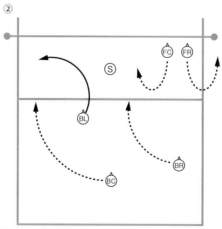

図4-51　練習例

ドリル 38	レセプションアタック後のディフェンス練習（3枚ブロック）
目的	ラリーを想定してレセプションアタック後、2段攻撃に対してのブロックをする練習を行う。
手順	オフェンス側は、レセプションアタックを仕掛ける（図4-52①）。アタック後、ブロッカーはただちにネット際に移動してディフェンスの準備を行う。コート外から相手のオフェンスチームにCパスを投げ入れ、相手チームはハイセットで（セッティングして）攻撃を仕掛ける（図4-52②）。
ポイント	ディフェンス側はハイセットを打つ（セッティングする）プレーヤーを早く見極め、セッターがどこにセットするのかチーム全員でコールする。とくに遠い位置から移動して跳ぶ3枚目のブロッカーは、ディグフォーメーション作りをヘルプするためにも、必ず「レフト3枚！」とコールすることが大切。レセプションアタックの後でも早く移動を完了させて3枚ブロックでディフェンスする。
目安	1ローテーションあたり3本のディフェンス成功（ブロック、ワンタッチ、ディグ）で交代する。

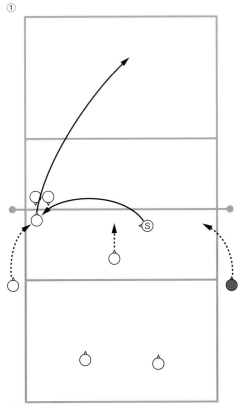

図4-52　練習例

ドリル 39　オプションドリル

目的	相手チームが仕掛けてくる戦術をオフェンス側、ディフェンス側がいち早く把握して、頭の回転力と対応力をつける練習を行う。
手順	オフェンス側の攻撃人数は、2人から4人で設定。相手チームがサーブを打つ数は、サイドアウト側の攻撃人数にプラス1した本数とする（2枚攻撃ならサーブ打数は3本）。サイドアウト側は定められたレセプションの攻撃の中で、セッターは必ず全員のアタッカーを使い、最後の1本はどこにセットを上げてもよい（図4-53）。最後の1本の得点は2点とする。
ポイント	セッターは、得点を決めるためにはどのようにセットを回せばよいのか、大きなプレッシャーがかかる中でゲームを組み立てていく。ディフェンス側はセッターを観察し、最後はどこにセットを上げるのか予測し、サーブとブロックを関連づけたトータルディフェンスを試みる。
目安	両チームがローテーションごとに対戦し、6ローテーションの合計得点で勝敗を決める。

ドリル 40　連続ブロックドリル

目的	オフェンスとディフェンスの役割を明確に分けて行うゲーム形式の練習を行う。
手順	オフェンス側は、セッターにボールを投げる。セッターは3人のアタッカーに多彩なセットを上げてアタッカーは攻撃を仕掛けていく。ディフェンス側は、オフェンス側の攻撃に対しブロックにつき、ディグを成功させる（図4-54）。
ポイント	オフェンス、ディフェンスそれぞれの役割に集中できるように、セッターにボールを投げる人は、テンポよく進行する。
目安	攻撃が決まれば1点、ブロックが決まれば1点、ディグ成功は1点という得点方式で行う。10点マッチでゲームを進めていく。

ドリル 41　ラリー継続ドリル

目的	攻撃と守備がめまぐるしく変わる中、各フォーメーションへの移行や攻守のリズムを掴む。
手順	最初は、イージーボールやフェイントを中心にラリーを続けられるアタックを行う。できるだけ、リズムを壊さないように、ラリーが切れたらすばやく次のボールを入れて継続する（図4-55）。
ポイント	メンバーはその都度、交代を行って、隣のプレーヤーが違ってもスムーズに動けるように意識して行う。ラリーを継続させることで、フォーメーションの動きを身体にたたき込むことができ、長いラリーでの得点力が次第についていく。
目安	慣れてきたら、4回ラリーが続いたら5回目からポイントを狙ってアタックなどを設定し、得点を意識する。3～5点先取制のショートゲーム形式のドリルを行う。スタート時は、サーブから始めるパターンも行う。

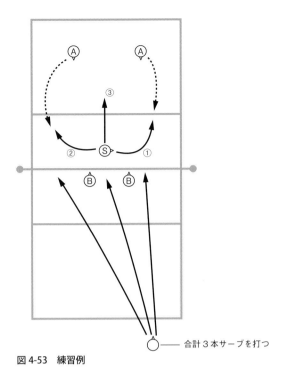

最後のサーブ前に同じアタッカーを2回使っていた場合は、最後に選択するアタッカーが限られてしまうので、セッターは配球を考えてトスを組み立てなければいけない。ディフェンス側は、相手セッターのトスワークを記憶し、残ったアタッカーが苦しくなるようなサーブコースやブロックシステムを選択する。

図 4-53　練習例

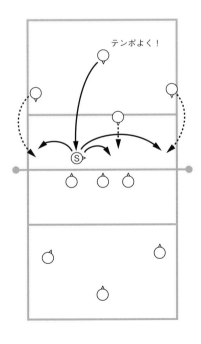

図 4-54　練習例

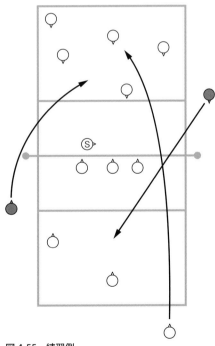

図 4-55　練習例

4 試合を想定したゲーム練習

基本、複合ドリルの次は、試合を想定した実践ゲームを紹介します。
目標に合わせて負荷をかけたゲーム練習、場面を想定した心理的負荷をかけたゲーム練習、得点を設定したゲーム練習を行っていきます。

1 指標となる目標に合わせて負荷をかけたゲーム練習

　同じポジションの選手同士に競争意識をもたせることは、選手自身のモチベーションを高め、チーム全体のレベルにアップにつながります。また、実力を数字に表すことで説得力が生まれます。

ゲーム1　レセプションアタック3本連続成功ローテーション

目的	サイドアウトの確率を高めるゲーム練習を行う。
手順	6対6のゲーム形式で、レセプションアタックを3本連続したら1得点としローテーションを行う。
ポイント	すべてのローテーションを行い、得点を競い合う。どのローテーションのサイドアウト率が高いのか低いのかを明確にする。
目安	時間や本数を設定して各ローテーションで得点を競い合う。

ゲーム2　フリーボールアタックアイアンマン

目的	ミドルブロッカーがプレッシャーのかかった状況で攻撃力を高めるゲーム練習を行う。
手順	2つのチームに分かれ、ミドルブロッカー同士がフリーボールからアタックを交互に15本繰り返して点を取り合う。どちらかが8点先取したら、コートを移動する。
ポイント	Aクイック、Cクイックにはレフトとミドルのブロッカー、Bクイックにはライトとミドルのブロッカーが跳ぶ、といったルールを決めて行うとよい。コミットブロックに対しても正確に攻撃を決められるように、ミドルブロッカーはあらゆる技術を駆使して攻撃する。
目安	コミットブロックのシフトに対して70％以上の攻撃決定率を目標にする。

ゲーム3　レセプションアタックアイアンマン

目的	特定のアウトサイドヒッターを強化するための対戦型のゲーム練習を行う。レセプション、フリーボールなどの場面を設定し、同じポジションのアタッカー同士が得点を競い合い、決定率を高める。同じポジション同士で競わせることによって、チーム内のランク付けや切磋琢磨することで鉄人（アイアンマン）のような強さを身につけることが期待できる。
手順	2つのチームに分かれ、同じポジションのアタッカー同士がレセプションアタックを交互に15本繰り返して点を取り合う。セッターは対戦しているアタッカーだけにトスを上げる。どちらかのアタッカーが8点先取したら対戦しているアタッカーだけがコートを移動し、チーム力を公平にする。
ポイント	ディフェンスサイドは常に3枚ブロックにつき、厳しい条件下でレセプションアタックさせる。
目安	週に一度行い、アウトサイドのポジション別のランク付けやメンバー選考の判断材料とする。

ゲーム4　バックアタックアイアンマン

目的	オポジットやアウトサイドヒッターがプレッシャーのかかった状況で攻撃力を高めるゲーム練習を行う。
手順	ゲーム3 の要領で同じポジションのアタッカー同士が、フリーボールからバックアタックを交互に15本繰り返して点を取り合う。どちらかが8点先取したら、コートを移動する。
ポイント	アタッカーは3枚ブロックのプレッシャーがかかった状況でも、効果率や決定率を高められるようにする。
目安	対戦するアタッカーの攻撃面だけでなく、バックでのディフェンス力も意識して練習する。

ゲーム5　イニングゲーム

目的	1回目のサイドアウトの重要性を認識させ、フリーボールから相手をブレイクするチャンスを逃さず、コンスタントに攻撃を遂行するためのゲーム練習を行う。
手順	オフェンスチームが1本目はレセプションアタック、2本目以降はラリーを失うまでフリーボールオフェンスを続ける。1回ラリー獲得に失敗したら1アウトとし、3アウトになったら攻守交替する。このドリルを6イニング（ローテーション）、S1 → S4 → S6 → S3 → S2 → S5 の順に練習する（次頁の例を参照）。
ポイント	トップレベルではフリーボールからは80%以上の確率で得点できる能力が要求される。各ローテーション、各場面での攻撃の確率を明確にすることでミスを減らす。
目安	0点で終わったオフェンスは、サイドアウト失敗を意味する。チームの目標サイドアウト率を設定（75%以上など）し、全体のサイドアウト率が下回らないように管理する。 1点で終わったオフェンスは、フリーボールからの攻撃失敗を意味する。各ローテーションにおいて、チャンスを確実に得点に結びつけられたかを確認して、練習課題を浮き彫りにする。

イニングゲーム記入表の例

	S1	S4	S6	S3	S2	S5	計
A	3	4	9	1	3	0	46
	0	2	2	0	4	4	
	2	2	2	0	5	3	
B	5	3	0	3	1	3	73
	3	4	5	2	1	8	
	5	8	7	4	6	5	

ゲーム6　フィックスゲーム

目的	両チームともにディフェンスサイドとオフェンスサイドを固定して、サーブから数えて3回目までの攻撃の得点力を高めることを目的とした6対6のゲーム練習を行う。
手順	オフェンスサイドはサーブレシーブからの攻撃成功で1点、トランジションでの得点で1点を獲得し、合計3点でローテーションする。ディフェンスサイドはサーブポイントで2点、トランジションで1点、2回連続のサーブミスで－1点とし、合計2点でローテーションする。どちらのチームも4回以上ラリーが続いたら1点を得る。その数値をもとに、どちらが早くローテーションできるかを競い合う。
ポイント	トップレベルのラリーは、その90％が3回以内のラリーで終了する。限られた攻撃チャンスを逃さず、確実にラリーを獲得するという意識をチーム全体でもつことが大切である。
目安	ディフェンスサイドは、安全に入れただけのサーブでは確実に1点をとられる可能性が高い。したがって、サーブ2回連続ミスをして1点となることを恐れるのではなく、2回のサーブミスがあっても、その後に1本のサービスエースがとれるのであれば成功と考える積極性がほしい。

ゲーム7　8点先取ゲームでスタートダッシュ練習

目的	ゲーム序盤を想定した短期集中型のゲーム練習を行う。
手順	8点先取したチームが勝利。スタートダッシュを想定して取り組む。
ポイント	トップレベルのデータでは、1回目のテクニカルタイムアウトの8点先取したチームは約70％、2回目のテクニカルタイムアウトの16点先取したチームが約85％、セットを獲得すると言われている。ゲーム序盤からしっかり得点して失点の少ないプレーを心がける。
目安	さまざまなスタートローテーションで練習を積み重ね、どのローテーションからスタートすれば、最も8点先取する確率が高いかを知る。公式戦では、相手チームとのマッチアップデータよりも、8点先取できる可能性の高いスタートローテーションが優先される。

ゲーム8　16対16から後半の競り合い練習

目的	ミスの許されない緊迫した点数でのゲームを数多く経験する。
手順	レギュラーチームとサブチームが対戦するときは、サブチームはサーブミスを毎回1本まで許される（1本目のサーブは全力で打つ）とするなど、ハンディキャップを設定すると緊迫感が倍増する。
ポイント	前半はサイドアウトの応酬で拮抗したゲームでも、後半にブレイクで突き放すことでセットを獲得できる。緊迫した場面を想定し、競り合いに強いメンタリティを養う。 競い合いにミスを出すプレーヤーは、心理的に接戦のゲームを数多く経験していないことが原因にある。この1本のアタックを決めれば勝ち、ミスすれば負けるといったプレッシャーを日常の練習からたくさん経験することで、メンタルの強い選手が育成できる。
目安	16対16からの競い合いの中でアタック効果率40％以上、サーブミス率15％以下を確保できている選手を確認する。競った場面で数値を残しているのはどの選手かを知っておくことがチームのレベルアップには大切。

2 場面を想定した心理的負荷をかけたゲーム練習

　心理的状況を試合に近づけるためには、練習時から精神的に追い詰められる状況を作っていくことがポイントになります。

　心理的負荷をかけるためには、6対6のウォッシュ方式のドリル(ゲーム練習)を行いましょう。ウォッシュ(Wash：流れ)とは、2本のプレーのうち1本目はサーブからのラリー、2本目はサーブラリー終了後にコーチから入れられるボール(コーチボール)でのラリーで得点を競うドリルです。さまざまな得点計算を設定することで、1つのローテーションで2つの戦術達成能力(レセプションアタックとフリーボールアタック、サーブからのディフェンスとフリーボールディフェンスなど)を鍛えることができます。試合の終盤、サイドアウトの場面、フリーボールやCパスボールなどの状況設定を行い、集中して得点できる力を身につけましょう。

ゲーム9　19対19ウォッシュドリル

目的	後半の競った場面でも、サイドアウトの獲得とラリー中のディフェンス能力を鍛える。
手順	スコアは19対19からスタート。一方からサーブを打ち、ラリー終了後にフリーボールをコートに入れてラリーを続ける。両チームは2本のラリーをとれば1点を獲得。1対1となった場合は「ウォッシュ」となって得点は無くなる。得点したチームは1つずつローテーションをする。
ポイント	1つのローテーションでサイドアウト力とディフェンス力を高める。攻守の切り替えを早くする。
目安	2本目のラリーをとったチームからサーブを開始。得点が加算されない場合は22対22から開始する。

ゲーム10　フリーボールウォッシュ

目的	レセプションアタックとフリーボールアタックの能力を鍛える。
手順	サーブからのラリーが終わった後、コートの外からオフェンスチームにフリーボールを入れて攻撃させる(図4-56)。オフェンスチームは2本のラリーを取って初めて1点を獲得できる。1対1となった場合は「ウォッシュ」とし両チームとも得点が入らない。オフェンスチームが3点(レベルに応じて調整)獲得したら、ローテーションする。
ポイント	ローテーション順はミドルブロッカーが交代で練習できるように、S1 → S4 → S6 → S3 → S2 → S5の順に練習する。オフェンスチームはチャンスを逃さない。
目安	トップレベルのレセプションアタックでは75%、フリーボールでは85%の得点率を目指す。

ゲーム11	**バウンスボール**
目的	バウンスボールを入れることで、パスが乱れた場面からの攻防能力を鍛える。
手順	エンドライン後方にコーチ2人を配置する。サーブからのラリーが終わった後、コートの外からラリーを取れなかったチームのフロアにバウンスボールを入れ、残り2回のコンタクトで攻撃する（図4-57）。ラリーが取れなかったチームにボールを入れ続ける。どちらかのチームが3連続でラリーを取ったら1点を獲得。次のローテーションでサーブからのラリーを始める。6点を取ったら勝ちとする。
ポイント	ローテーション順はミドルブロッカーが交代で練習できるように、S1→S4→S6→S3→S2→S5の順に練習する。
目安	ディフェンス側は常に3枚のブロッカーでプレッシャーをかけられるよう、ハイセット（セッティング）される方向をコールする。オフェンス側は、アタッカーが1人に限定されないよう、常に2人以上のアタッカーにトスが上げられるようにする。

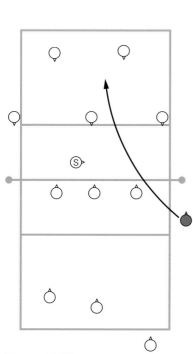

図4-56　練習例

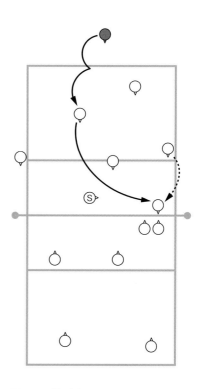

図4-57　練習例

ゲーム 12　ラストボールゲーム

目的	ラストボールへの対応能力、そこからディフェンス体勢を意識するゲーム練習を行う。
手順	サーブからのラリーが終わった後、コートの外からラリーを取れなかったチームにチャンスボールを入れ、それをラストボールとして相手チームに返球させる。ラストボールを受けたチームはトランジションの攻撃を行い、3本連続でラリーを取った場合に1点獲得する。3本連続でラリーを取れなかった場合は、コーチは攻守を入れ替えてボールを入れる。両チームどちらかのチームが3本連続でラリーを取るまでコーチはボールを入れ続ける。どちらかのチームが得点したら、ローテーションを行う。
ポイント	ラストボールを簡単にリベロにとらせないように工夫して返球するとよい。セッターにとらせることができれば、その後の相手攻撃は限定されたものとなり、ブロックの的を絞ることができる。ミドルブロッカーやオポジットの助走経路を確保できないようにとらせることができれば（図4-58①）、その後のアタッカー数を減じることができる。ラストボールの意図とブロッカーの意図をリンクさせ、連続失点を防ぐ（図4-58②）。
目安	2回に1回は3本連続の成功を目指す。2回連続でミスした場合はペナルティを設定する。

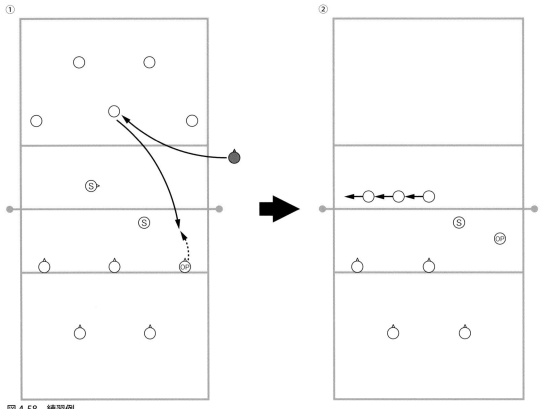

図4-58　練習例

ゲーム 13　試合を想定したサイドアウト

目的	サイドアウトの局面だけを抽出し、試合を想定したゲーム練習を行う。
手順	Aチームがオフェンス、Bチームがディフェンスのみ行う。得点はAチームが10点、Bチームが18点からスタート。Aチームがラリーを取ったら1点獲得し、ローテーションする。BチームのサーブミスはAチームの得点にするが、ローテーションはしない。
ポイント	試合前日など、レセプションアタックのフォーメーションなどを入念に確認するのに適している。
目安	10対18とは、Aチームが勝利するために75%のサイドアウト率が必要となる得点設定である。レベルによって目標サイドアウト率がを決め、スタートの得点を調整する。

3 得点を設定したゲーム練習

　ゲーム練習では、オフェンス、ディフェンス、トランジションが連続して出現するため、サイドアウト、ブレイクに特化した練習を意識しづらくなります。そのため、サイドアウト、ブレイクの局面ごとの効果率を高めるには、それぞれの場面を設定した得点設定を行い、ローテーションごとに課題を抽出していきましょう。

ゲーム14　サイドアウト率75％を目指す設定

目的	オフェンス局面であるサイドアウトの獲得は、ゲームで相手に引き離されないための重要なプレー。実際のゲームではオフェンス、ディフェンス、トランジションが間断なく繰り返されるため、オフェンス局面のサイドアウト失敗以外の要素が印象に残りやすい。このゲーム練習ではゲームからサイドアウト局面を抽出し、選手にサイドアウトの重要性を認識してプレーさせる。
手順	事例1は、A・Bチームのそれぞれの得点からAチームが勝利するためのサイドアウト率を記したものである。デュースの場面を考慮した場合、Aチームが勝利すればサイドアウト率75％以上を保てる得点設定からゲームを行う。 なお、レベルに合わせて目標値や点数設定を調節してもよい。ローテーション順はミドルブロッカーが交代で練習できるように、S1 → S4 → S6 → S3 → S2 → S5の順に練習する。勝てなかったローテーションは、全ローテーション終了後にもう1度トライするとよい。
ポイント	自チームのサイドアウト獲得が弱いローテーションや、特定のサーブ（フローター系がトップスピン系か）に弱いローテーションが明らかになる。本番のゲームの時のスターティングラインアップや相手サーバーとのマッチアップなど、ゲームに有用な情報を収集することができる。
目安	一般・大学生は75％、高校生は66％、中学生は60％、小学生は55％のサイドアウト成功率を目指して得点設定を行う。成功率を達成できなかったローテーションを強化する。

事例1. Aチームが勝利するためのサイドアウト率

Bディフェンス ＼ Aオフェンス	15	16	17	18	19	20	21	22	23
15	56%								
16	59%	56.3%							
17	63%	60.0%	57.1%						
18	67%	64.3%	61.5%	58.3%					
19	71%	69.2%	66.7%	63.6%	60.0%				
20	77%	75.0%	72.7%	70.0%	66.7%	62.5%			
21	83%	81.8%	80.0%	77.8%	75.0%	71.4%	66.7%		
22	91%	90.0%	88.9%	87.5%	85.7%	83.3%	80.0%	75.0%	
23	100%	100.0%	100.0%	100.0%	100.0%	100.0%	100.0%	100.0%	100.0%

オフェンス練習において、サイドアウト率目標を75％以上となる「25対23」でAが勝ちと想定するとこの表のようになる。しかし、実際には練習でデュースにもつれ込むケースが多くなる。デュースになっても確実に目標数値を達成させるために、「26対24」と「27対25」の設定も考慮してサイドアウト率を計算してみると以下のようになる。

「A26 対 B24」でAが勝ちの場合

Aオフェンス

Bディフェンス	15	16	17	18	19	20	21	22	23
20	73.3%	71.4%	69.2%	66.7%	63.6%	60.0%	55.6%	50.0%	42.9%
21	78.6%	76.9%	75.0%	72.7%	70.0%	66.7%	62.5%	57.1%	50.0%
22	84.6%	83.3%	81.8%	80.0%	77.8%	75.0%	71.4%	66.7%	60.0%
23	91.7%	90.9%	90.0%	88.9%	87.5%	85.7%	83.3%	80.0%	75.0%
24	100.0%	100.0%	100.0%	100.0%	100.0%	100.0%	100.0%	100.0%	100.0%

「A27 対 B25」でAが勝ちの場合

Aオフェンス

Bディフェンス	15	16	17	18	19	20	21	22	23
20	70.6%	68.8%	66.7%	64.3%	61.5%	58.3%			
21	75.0%	73.3%	71.4%	69.2%	66.7%	63.6%	60.0%		
22	80.0%	78.6%	76.9%	75.0%	72.7%	70.0%	66.7%	62.5%	
23	85.7%	84.6%	83.3%	81.8%	80.0%	77.8%	75.0%	71.4%	66.7%
24	92.3%	91.7%	90.9%	90.0%	88.9%	87.5%	85.7%	83.3%	80.0%

となり、A15 対 B20、A16 対 B21、A17 対 B21、A18 対 B21、A19 対 B22、A20 対 B22、A21 対 B22、A22 対 B23、A23 対 B23 の設定では 75%に到達しなくなる。

結論 つまり、デュースを考慮して以下の得点設定でAチームがオフェンス練習（サーブレシーブからの攻撃）で勝てば、Aチームのサイドアウト率は 75%以上になる。

A15 対 B21
A16 対 B22
A17 対 B22
A18 対 B22
A19 対 B23
A20 対 B23
A21 対 B23
A22 対 B24
A23 対 B24

6 ローテーションごとに練習する場合には、練習時間を見計らって以下の設定を 6 回行うことが望ましい。

A15 対 B21
A16 対 B22
A17 対 B22
A18 対 B22
A19 対 B23

備考 Aチームを 0 点からスタートさせる場合（1 セット分練習する時）、Bに 15 点のハンディをあげ「A0 対 B15」からスタートし、Aのオフェンス練習のみをさせると、Aのサイドアウト率は 75%を超える。

ゲーム 15　ブレイク率 33.3％を目指す設定

目的	ディフェンス局面でのブレイクポイント獲得は、ゲームで相手を引き離すための重要なプレー。通常のゲームならば、20 回以上のブレイクチャンスがあるが、このゲーム練習では相手が 18 点以上からスタートした場合は、7 回しかブレイクチャンスがない。その 7 回で簡単にサイドアウトを取られるのではなく、限られたチャンスで戦術的なディフェンスを速やかに駆使してブレイクを勝ち取ることを意識してプレーさせる。
手順	事例 2 は、A・B チームのそれぞれの得点から A チームが勝利するためのブレイク率を記したものである。デュースの場面を考慮した場合、A チームが勝利すればブレイク率 33.3％以上を保てる得点設定からゲームを行う。 なお、レベルに合わせて目標値や点数設定を調節してもよい。
ポイント	実際のゲームではローテーションがあるため、ゲーム後に振り返ってみた際にどのローテーションに問題があったのかがわかりづらいこともある。目標達成できなかったローテーションをピックアップすることで、自チームの強み、弱み、課題を把握することができる。
目安	一般・大学生は 33.3％、高校生は 40％、中学生は 45％、小学生は 50％のブレイク成功率を目指して得点設定を行う。成功率を達成できなかったローテーションを強化する。

事例 2. A チームが勝利するためのブレイク率

		Aディフェンス					
		18	19	20	21	22	23
Bオフェンス	10	35.0%	31.6%	27.8%	23.5%	18.8%	13.3%
	11	36.8%	33.3%	29.4%	25.0%	20.0%	14.3%
	12	38.9%	35.3%	31.3%	26.7%	21.4%	15.4%
	13	41.2%	37.5%	33.3%	28.6%	23.1%	16.7%
	14	43.8%	40.0%	35.7%	30.8%	25.0%	18.2%
	15	46.7%	42.9%	38.5%	33.3%	27.3%	20.0%
	16	50.0%	46.2%	41.7%	36.4%	30.0%	22.2%
	17	53.8%	50.0%	45.5%	40.0%	33.3%	25.0%
	18	58.3%	54.5%	50.0%	44.4%	37.5%	28.6%
	19	63.6%	60.0%	55.6%	50.0%	42.9%	33.3%
	20	70.0%	66.7%	62.5%	57.1%	50.0%	40.0%
	21	77.8%	75.0%	71.4%	66.7%	60.0%	50.0%
	22	87.5%	85.7%	83.3%	80.0%	75.0%	66.7%
	23	100.0%	100.0%	100.0%	100.0%	100.0%	100.0%

ディフェンス練習において、ブレイク率目標を 33.3％以上となる「25 対 23」で A が勝ちを想定するとこの表のようになる。しかし、実際には練習でデュースにもつれ込むケースが多くなる。デュースになっても確実に目標数値を達成させるために、「26 対 24」と「27 対 25」の設定も考慮してブレイク率を計算してみると以下のようになる。

「A26 対 B24」でAが勝ちの場合

Bオフェンス \ Aディフェンス	18	19	20	21	22	23	24
8	33.3%	30.4%	27.3%	23.8%	20.0%	15.8%	11.1%
9	34.8%	31.8%	28.6%	25.0%	21.1%	16.7%	11.8%
10	36.4%	33.3%	30.0%	26.3%	22.2%	17.6%	12.5%
11	38.1%	35.0%	31.6%	27.8%	23.5%	18.8%	13.3%
12	40.0%	36.8%	33.3%	29.4%	25.0%	20.0%	14.3%
13	42.1%	38.9%	35.3%	31.3%	26.7%	21.4%	15.4%
14	44.4%	41.2%	37.5%	33.3%	28.6%	23.1%	16.7%
15	47.1%	43.8%	40.0%	35.7%	30.8%	25.0%	18.2%
16	50.0%	46.7%	42.9%	38.5%	33.3%	27.3%	20.0%
17	53.3%	50.0%	46.2%	41.7%	36.4%	30.0%	22.2%
18	57.1%	53.8%	50.0%	45.5%	40.0%	33.3%	25.0%
19	61.5%	58.3%	54.5%	50.0%	44.4%	37.5%	28.6%
20	66.7%	63.6%	60.0%	55.6%	50.0%	42.9%	33.3%
21	72.7%	70.0%	66.7%	62.5%	57.1%	50.0%	40.0%
22	80.0%	77.8%	75.0%	71.4%	66.7%	60.0%	50.0%
23	88.9%	87.5%	85.7%	83.3%	80.0%	75.0%	66.7%
24	100.0%	100.0%	100.0%	100.0%	100.0%	100.0%	100.0%

「A27 対 25B」でAが勝ちの場合

Bオフェンス \ Aディフェンス	18	19	20	21	22	23	24
6	32.1%	29.6%	26.9%	24.0%	20.8%	17.4%	9.1%
7	33.3%	30.8%	28.0%	25.0%	21.7%	18.2%	14.3%
8	34.6%	32.0%	29.2%	26.1%	22.7%	19.0%	15.0%
9	36.0%	33.3%	30.4%	27.3%	23.8%	20.0%	15.8%
10	37.5%	34.8%	31.8%	28.6%	25.0%	21.1%	16.7%
11	39.1%	36.4%	33.3%	30.0%	26.3%	22.2%	17.6%
12	40.9%	38.1%	35.0%	31.6%	27.8%	23.5%	18.8%
13	42.9%	40.0%	36.8%	33.3%	29.4%	25.0%	20.0%
14	45.0%	42.1%	38.9%	35.3%	31.3%	26.7%	21.4%
15	47.4%	44.4%	41.2%	37.5%	33.3%	28.6%	23.1%
16	50.0%	47.1%	43.8%	40.0%	35.7%	30.8%	25.0%
17	52.9%	50.0%	46.7%	42.9%	38.5%	33.3%	27.3%
18	56.3%	53.3%	50.0%	46.2%	41.7%	36.4%	30.0%
19	60.0%	57.1%	53.8%	50.0%	45.5%	40.0%	33.3%
20	64.3%	61.5%	58.3%	54.5%	50.0%	44.4%	37.5%
21	69.2%	66.7%	63.6%	60.0%	55.6%	50.0%	42.9%
22	75.0%	72.7%	70.0%	66.7%	62.5%	57.1%	50.0%
23	81.8%	80.0%	77.8%	75.0%	71.4%	66.7%	60.0%
24	90.0%	88.9%	87.5%	85.7%	83.3%	80.0%	75.0%

となり、A18対B6、A19対B8、A20対B10、A21対B12、A22対B14、A23対B16、A24対B18の設定では33.3%に到達しなくなる。

結論 つまり、デュースを考慮して以下の得点設定でAチームがディフェンス練習（サーブからの防御と切り返し）で勝てば、Aチームのブレイク率は33.3%以上になる。

A18 対 B7
A19 対 B9
A20 対 B11
A21 対 B13
A22 対 B15
A23 対 B17
A24 対 B19

6ローテーションごとに練習する場合には、練習時間を見計らって以下の設定を6回行うことが望ましい。

A15 対 B21
A23 対 B17
A24 対 B19

備考 Bチームを0点からスタートさせる場合（1セット分練習する時）、Aに13点のハンディをあげ「A13対B0」からスタートし、Aのディフェンス練習のみをさせると、Aのブレイク率は33.3%を超える。

column ④ 有益なデータとは

　国際大会や国内リーグの試合では、主催する国際バレーボール連盟や日本バレーボールリーグ機構が、チームごと、選手ごとに各技術の決定率や返球率、効果率等の公式記録を出しています。
　よくテレビ放映でも、アタック決定率やサーブ得点やブロック決定本数が提示されることがあります。もちろん、これらのデータはどの選手が活躍しているか、一目瞭然で観戦する際には参考になるデータと言えるでしょう。しかし、これらのデータは、決して勝利に結びついているとは言えません。
　もともとバレーボールは、サーブ権を持ったチームがブレイクしなければ得点ができない競技でした。サーブ権を持っているときにミスをしても、サーブ権が相手チームに移るだけ、得点が動かないという性質を持っていました。このことから考えれば、サイドアウト制時代は、アタック決定率そのものが勝利に結びつく数字だったと言えます。
　しかし、現在はアタックミスが失点となり、相手チームの得点となるラリーポイント制に移行しました。これにより、アタックが決まった本数だけではなく、ミスした数も勝敗に関わるようになったのです。勝つためにデータを収集していく上ではグッドの評価だけではなく、ネガティブな部分を加味して評価していくことが必要となります。
　海外では、公式記録においてアタック効果率を算出している国もありますので、日本でも今後は勝利に結びつく"有益"なデータを提示し参考にすることで、より競技力が高まるのではないでしょうか。

おわりに

スカウティングの本質とは、「考えること」。

　高価な分析ソフトや細かい数値がなくても、映像を見るだけでもいい。

　大切なのは、今、何が必要で足りないのか。考えたことを日々の練習でどうやって活かすか。試合においてどうやって戦術に活かすか。これらが本書のキーワードになっています。

　ジュニア期から考えながら練習に取り組み、簡単なデータを扱う習慣を身に付けることによって、次第にデータを分析する眼が養われていきます。

　それはまさに身体の筋肉を鍛えるフィジカルトレーニングと同じ。自チーム、そして相手チームの研究を行うことで、脳を鍛えることが選手、チームの強化につながります。

　選手自ら分析する能力を磨いていくことは、必ず選手たちの将来につながります。いずれトップレベルで活躍する選手は、スムーズに情報（データ）を吸収することができるでしょう。また、企業や団体などに就職し一般社会の仕事においても、スカウティングをおおいに活用することができます。どの世界においても、データと向き合える姿勢、視点を持つことが、いずれは自らやりたいことを実現できる糧になるはずです。

　本書が「スカウティング」を身近に感じて、実践してもらえるきっかけとなり、バレーボール界のさらなる発展につながることを祈念しています。

付録　　データチェックシートの使い方

掲載シートの活用方法

　本書の付録では、「サーブ」「レセプション」「セッティング」「アタック」「ゲーム勝敗因」におけるプレー場面において、データを収集し、スカウティングに活用できる「データチェックシート」を紹介します。試合を観戦しながら、対象選手・チームのプレーをカウントし集計して、自チームおよび敵チームの分析に役立てることができます。なお、ここに掲載しているのはあくまで一例ですので、これらをベースにして実際に使いやすいように工夫を加えて使用してみてください。

■ サーブの分析シート

　サーブの成功率を収集するシートです（参照：p.44 表 3-1）。各選手のサーブの成功率、失敗率、効果率を集計します。左から背番号、選手名を記入し、サーブの本数を斜線などでカウントします。サーブの打数を①、得点を②、失点を④として、得点率、失点率をそれぞれ算出します。なお、近年のバレーボールでは、サーブがゲームに及ぼす影響は大きく、わずかな発生頻度の得点率よりも相手を「崩した」率を含めて広く見る方が適切と言われており、「崩した」③という欄を設けています。

■ レセプションの分析シート

　選手別にレセプションの返球率を収集するシートです（参照：p.46 表 3-4）。左から各選手の背番号、レセプション数をカウントし、成功数（Aパス、Bパス）、失敗数（Cパス、Dパス）を評価します。成功数、失敗数から合計受数を割り出し、確率を出します。なお、このシートを複数枚用意することでローテーション別にも用いることができます。その場合は、どのローテーションかについて表上のチェックボックスに記入します。

■ セッティングの分析シート

　ローテーション別にセッティングの配球とアタッカーの決定率を収集するシートです。左からローテーション（例：S1）、背番号、選手名、セッターがどの攻撃を使ったか「攻撃の種類」の欄で集計し、さらに○、×で成功したか成功率を算出します。

■ アタックの分析シート

　選手別のアタック決定率とアタック効果率を収集するシートです（参照：p.50 表 3-8）。左から各選手の背番号、アタック打数をカウントします。得点を○、失点を×と評価し、決定率と効果率をそれぞれ算出します。このシートを複数枚用意することでローテーション別にも用いることができます。その場合はどのローテーションかについて表上のチェックボックスに記入します。

■ ゲーム勝敗因の分析シート

　筆者が使用してきた勝敗因分析の表です。この表は、1～5のセットごとにKILL、BLK（ブロック）、SERVE（サーブ）でのプレーを記録できるとともに、右端に試合を通しての選手別のスコアチャートを集計できます。

■ サーブの分析シート

<選手ごとのサーブ得点率>

対戦相手：
試合年月日：　　　年　　月　　日（　　　　）

番号	名前	記録 （カウント）					打数 ①	☆得点 ②	○崩した ③	×失点 ④	得点率 ((②+③)÷①)	失点率 ④÷①
		1	2	3	4	5						
		6	7	8	9	10						
		11	12	13	14	15						
		1	2	3	4	5						
		6	7	8	9	10						
		11	12	13	14	15						
		1	2	3	4	5						
		6	7	8	9	10						
		11	12	13	14	15						
		1	2	3	4	5						
		6	7	8	9	10						
		11	12	13	14	15						
		1	2	3	4	5						
		6	7	8	9	10						
		11	12	13	14	15						
		1	2	3	4	5						
		6	7	8	9	10						
		11	12	13	14	15						

※サーブの記録方法：　得点（エース）→☆、崩した→○、失点（ミス）→×、その他→／（スラッシュ）

■ レセプションの分析シート

<選手ごとの返球率>　　□S4　□S3　□S2
　　　　　　　　　　　□S5　□S5　□S1　◇全ローテ

対戦相手：
試合年月日：　　　年　　月　　日（　　　　）

番号	名前	記録 （カウント）					受け数	Aパス	Bパス	Cパス	Dパス	成功率	失敗率
								○成功数		×失敗数			
		1	2	3	4	5							
		6	7	8	9	10							
		11	12	13	14	15							
		1	2	3	4	5							
		6	7	8	9	10							
		11	12	13	14	15							
		1	2	3	4	5							
		6	7	8	9	10							
		11	12	13	14	15							
		1	2	3	4	5							
		6	7	8	9	10							
		11	12	13	14	15							
		1	2	3	4	5							
		6	7	8	9	10							
		11	12	13	14	15							
		1	2	3	4	5							
		6	7	8	9	10							
		11	12	13	14	15							

■ セッティングの分析シート

<ローテーションごとのセッティングの配球率>　　チーム名：　　　　　対戦相手：
　　　　　　　　　　　　　　　　　　　　名前（番号）：　　（　）　試合年月日：　　年　月　日（　）

ローテ	番号	名前	記録（カウント）	攻撃の種類	成功 ○	失敗 ×	総数	成功率	失敗率
S1			1 2 3 4 5 / 6 7 8 9 10 / 11 12 13 14 15						
			1 2 3 4 5 / 6 7 8 9 10 / 11 12 13 14 15						
			1 2 3 4 5 / 6 7 8 9 10 / 11 12 13 14 15						
S6			1 2 3 4 5 / 6 7 8 9 10 / 11 12 13 14 15						
			1 2 3 4 5 / 6 7 8 9 10 / 11 12 13 14 15						
			1 2 3 4 5						

■ アタックの分析シート

<選手ごとのアタック決定率と効果率>　□S4　□S3　□S2　　対戦相手：
　　　　　　　　　　　　　　　　　　□S5　□S5　□S1　◇全ローテ　試合年月日：　年　月　日（　）

番号	名前	記録（カウント）	打数 ①	○得点 ②	×失点 ③	決定率 ②÷①	効果率 (②−③)÷①
		1 2 3 4 5 / 6 7 8 9 10 / 11 12 13 14 15					
		1 2 3 4 5 / 6 7 8 9 10 / 11 12 13 14 15					
		1 2 3 4 5 / 6 7 8 9 10 / 11 12 13 14 15					
		1 2 3 4 5 / 6 7 8 9 10 / 11 12 13 14 15					
		1 2 3 4 5 / 6 7 8 9 10 / 11 12 13 14 15					
		1 2 3 4 5 / 6 7 8 9 10 / 11 12 13 14 15					

ゲーム勝敗因の分析シート

チーム名：

TOTAL SCORE CHART								
番号	名前	スP	スL	BP	サP	サL	得	失	土
Team								

SET1　SCORE ＿－＿

KILL <15>		S.O	P	±
番号	名前			
TOTAL				

SET2　SCORE ＿－＿

KILL <15>		S.O	P	±
番号	名前			
TOTAL				

SET3　SCORE ＿－＿

KILL <15>		S.O	P	±
番号	名前			
TOTAL				

SET4　SCORE ＿－＿

KILL <15>		S.O	P	±
番号	名前			
TOTAL				

SET5　SCORE ＿－＿

KILL <15>		S.O	P	±
番号	名前			
TOTAL				

BLK <3-4>		POINTS	±
番号	名前		
TOTAL			

(BLK <3-4> 表が SET1〜SET5 に対応して5つ)

SERVE <1-2>		POINTS	MISS	±
番号	名前			
TOTAL				

(SERVE <1-2> 表が SET1〜SET5 に対応して5つ)

付録 | 149

[著者紹介]　(執筆当時)

■**吉田清司**（よしだ　せいじ）

　筑波大学体育研究科修士課程修了。1988年ソウル五輪全日本女子バレーボールチームコーチ、1997年オーストラリア男子バレーボールチームコーチ、2008年北京五輪全日本男子バレーボールチームアナリストを務め、2008年FC東京バレーボールチーム監督、2009年東アジア競技大会全日本男子バレーボールチーム監督を歴任。

＊

　現在、専修大学スポーツ研究所教授、日本バレーボール学会理事、日本コーチング学会理事として教育・研究に研鑽を積むとともに、FC東京バレーボールチーム副部長・総監督、さらには日本バレーボール協会科学研究委員会委員長、日本オリンピック委員会情報・戦略スタッフを務め、研究と選手育成の架け橋として多方面に活躍している。

■**渡辺啓太**（わたなべ　けいた）

　バレーボールアナリスト。筑波大学人間総合科学研究科修士課程修了。専修大学在学中からアナリストとして活動し、柳本晶一氏に請われ日本初のナショナルチーム専属アナリストに抜擢。2008年北京五輪、2012年ロンドン五輪で全日本女子バレーボールチームアナリストとして帯同し、ロンドン五輪では日本バレーボール界28年ぶりの五輪メダル獲得に尽力。2010年にはイタリアトップリーグへアナリスト留学し、各国のアナリストと交流をもち、日々、世界トップの情報を入手し、バレーボールにおけるデータとテクノロジーの有効活用のために研鑽を積んでいる。

＊

　現在、日本バレーボール協会全日本シニア女子チーム情報戦略担当チーフアナリスト、女子強化委員会主事、科学研究委員会副主事とともに、日本オリンピック委員会情報・戦略スタッフを務める傍ら、専修大学ネットワーク情報学部客員教授としてスポーツを情報技術で支える学生を育成している。さらには、一般社団法人日本スポーツアナリスト協会を立ち上げ、代表理事としてスポーツアナリストの職能の研鑽、職域の拡大を図り、アナリストの地位向上に努めている。

[参考文献]　※文献名に続けて、（　）で本書での掲載箇所を示した。

- 吉田清司．2002．『基本から戦術まで　バレーボール』日東書院　（図4-19、29、38～4-41）
- 「Coaching&Playing Volleyball」vol.35. バレーボールアンリミテッド（図4-9～4-17）
- ────── vol.44.────（「中高生の目標数値」）
- ────── vol.46.────（図4-45、46、47）
- ────── vol.51.────（図4-30～4-34）
- ────── vol.56.────（図4-43、ドリル40）
- ────── vol.57.────（ドリル39、図4-55、56、57）
- ────── vol.77.────（ドリル41）
- ────── vol.82.────（図4-3、4）
- ────── vol.83.────（図4-42）
- ────── vol.87.────（図4-6、7、8）

考えて強くなるバレーボールのトレーニング
―スカウティング理論に基づくスキル&ドリル―
©Seiji Yoshida & Keita Watanabe, 2016.　　　NDC783／viii, 150p／24cm

初版第1刷	2016年7月1日
第2刷	2017年9月1日

著者	吉田清司・渡辺啓太
発行者	鈴木一行
発行所	株式会社 大修館書店
	〒113-8541　東京都文京区湯島2-1-1
	電話03-3868-2651（販売部）　03-3868-2297（編集部）
	振替00190-7-40504
	［出版情報］http://www.taishukan.co.jp

装丁・本文デザイン	島内泰弘（島内泰弘デザイン室）
写真撮影	坂本清
撮影協力	法政大学第二高等学校バレーボール部
写真提供	フォート・キシモト、渡辺啓太
編集協力	吉田亜衣
印刷所	広研印刷
製本所	牧製本

ISBN978-4-469-26788-4

Ⓡ本書のコピー、スキャン、デジタル化等の無断複製は著作権法上での例外を除き禁じられています。本書を代行業者等の第三者に依頼してスキャンやデジタル化することは、たとえ個人や家庭内での利用であっても著作権法上認められておりません。

JVA承認2016-04-016

バレーボールのメンタルマネジメント

精神的に強いチーム・選手になるために

遠藤俊郎 ◎著　　●四六判・208頁　　定価1,470円（本体1,400円）

心をマネジメントして
試合で実力を発揮するためのヒントが満載!!

試合で最高のパフォーマンスを発揮するため、意欲的にトレーニングに取り組むためにメンタル面の準備をどのようにすべきか。全日本バレーボールチームのメンタルアドバイザーとして長年サポート活動を行ってきた筆者が、現場の指導者や選手に取り入れてもらえるようなわかりやすい理論と実践方法を示す。

主要目次
第1章　メンタルマネジメントを考える　　第2章　メンタルトレーニングの実際
第3章　チームづくりから試合に臨むまで　　第4章　運動学習理論に基づいたコーチング

爆発的パワー養成
プライオメトリクス
HIGH-POWERED PLYOMETRICS

J.ラドクリフ　R.ファレンチノス ＝著
長谷川　裕 ＝訳

各種スポーツのパフォーマンス向上に欠かせない「爆発的パワー」を養成する「プライオメトリック・トレーニング」。本書は、その理論を体系的に解説し、加えて77種類のエクササイズを連続写真で具体的に紹介。さらに、最大限に効果が発揮されるように種目別12種類のトレーニング・プログラムを用意した。

77種類のエクササイズを写真で紹介!

主要目次
第1章　プライオメトリクスの科学
第2章　プライオメトリクスの準備
第3章　プライオメトリクスのテクニック
第4章　下半身、脚、および股関節
第5章　体幹と上肢
第6章　種目別トレーニングのプログラム
第7章　長期にわたるパワーの養成

●B5変型判・208頁　　定価2,100円（本体2,000円）

大修館書店ホームページでもご注文になれます。 http://www.taishukan.co.jp